ALTE ROSEN

blv garten
plus

Ute Bauer

ALTE ROSEN

Die schönsten Sorten
Gestalten und Pflegen

BLV

Inhalt

Zauberhaft nostalgischer Charme

Alten Rosen gelang ein überwältigendes Comeback. Gründe dafür gibt es viele: Sie gelten als robust und pflegeleicht, duften betörend und sehen traumhaft romantisch aus. Viele Sorten entführen zudem in eine spannende Vergangenheit.

Rosen gehören zu den ältesten Kulturpflanzen der Menschheit. Seit Jahrtausenden begleiten sie unsere Entwicklung und haben sich dabei selbst immer wieder verändert. Je nach den Idealen der Zeit selektierte und züchtete der Mensch sie beständig weiter, nicht unberührt von gesellschaftlichen Moden und Trends.

Im gesamten 19. und noch bis Mitte des 20. Jahrhunderts stand vor allem die Dauerblütigkeit im Zentrum des Interesses. Man wollte Rosen, die einen ganzen Sommer lang blühen – ein Ziel, das man auch erreichte. Aber darüber gerieten andere Qualitäten der »Königin der Blumen« zeitweise etwas ins Hintertreffen. So fehlt vielen modernen Sorten der sprichwörtliche Duft und auch die Robustheit hat teilweise etwas gelitten.

◄ Der zarte pastellfarbene Rosaton der Alba-Rose 'Königin von Dänemark' verstärkt den romantischen Charme der üppigen Blüten.

Nicht zuletzt veränderten sie ihr Aussehen. Deshalb empfindet man heute die Blüten vieler Alter Sorten als zauberhaft »altmodisch« und nostalgisch. Zusammen mit dem meist intensiven Duft bringen sie nicht nur Romantiker zum Schwärmen. Zudem umgibt sie der Nimbus einer langen und spannenden Vergangenheit. Wer für Geschichte und Geschichten empfänglich ist oder wenigstens etwas phantasiebegabt, den entführen sie schnell in ferne Epochen und fremde Kulturen.

Was macht eine Alte Rose aus?

Die zeitliche Abgrenzung
Eine Rose gilt als »Alt«, wenn die Klasse, der sie angehört (siehe Kapitel »Die schönsten Alten Rosen«), bereits vor 1867 in Kultur war. Einzelne Sorten dieser Klassen können dabei durchaus erst später entstanden sein. Was zählt, ist der

Dicht gefüllte Blüten mit gevierteltem Mitte (hier 'Jaques Cartier') zählen zu den beliebten Merkmalen Historischer Rosen.

»Stammbaum«, das Alter der Elternsorten. Dieses Jahr gilt deshalb als Stichtermin, weil damals mit der Sorte 'La France' die erste Teehybride, d. h. die erste Edelrose entstand. Sie läutete die Ära der modernen öfter blühenden Rosen ein.

Die Blütenform
Jenseits der rein zeitlichen Definition gehört zu Alten oder Historischen Sorten jedoch ein ganz charakteristisches Aussehen: Zauberhafte, dicht gefüllte Blüten avancierten zum Markenzeichen der ganzen Gruppe. Daneben existieren jedoch auch die flachen, offenen Schalen einfacher oder nur

Rosette: Flach und dicht gefüllt; die Blütenblätter ordnen sich versetzt in konzentrischen Kreisen um die Mitte an.

Geviertelt: Dicht übereinander liegende Blütenblätter; in der Mitte Wirbel, die die Blüte in vier Teile gliedern.

Becherförmig: Wenig bis stark gefüllte Blüten, deren Blütenblätter kelchförmig nach oben gewölbt sind.

Kugelig, ballonförmig: Dicht gefüllte, sehr geschlossene Blüten, die sich fast kugelrund aufplustern.

halbgefüllter Sorten, in denen die Staubblätter noch gut zu erkennen sind. Sie ähneln den Wildrosen noch recht stark. Im Vergleich zu den meist hoch gebauten Blüten der Edelrosen erscheinen die Köpfe der Historischen runder und oft flacher. Auch die Anordnung der Blütenblätter folgt einem anderen Muster als bei den Modernen Rosen. Manchmal erscheint die Blüte im Zentrum **geviertelt.** Oft bilden die Blütenblätter die typische **Rosette,** bei der sie sich in fast konzentrischen Kreisen um die Blütenmitte anordnen, oder sie plustern die Umrisse rüschenhaft oder

kugelig bis **ballonförmig** auf. Mitunter ergeben sich **Becher-** oder **Schalenformen.** Während moderne Teehybriden meist im Aufblühen am schönsten sind und dann langsam auseinander fallen, entfalten die Blüten alter Sorten von Tag zu Tag mehr Schönheit.

Die Farbpalette
Alte Sorten schmücken sich vornehmlich mit sanften, pastelligen Farbtönen. Weiß, vor allem aber Rosa in allen Varianten dominiert das Spektrum. Diese romantische Palette unterstreicht ihre weiche, nostalgische Ausstrahlung.

Das Farbspektrum Alter Rosen umfasst neben Weiß vor allem Rosatöne. Vom zarten Blush-Effekt über Pastell- bis zum satten Karminrosa reicht die Palette.

Der Blührhythmus

Die meisten Alten Rosen blühen, wie alle anderen Ziergehölze, nur einmal im Jahr, dann aber verschwenderisch und oft über viele Wochen hinweg. Dennoch wird ihnen das oft als »Makel« angelastet, weil moderne Sorten mit ihrer Dauerblüte konkurrieren.

Es gibt jedoch auch unter den Alten Rosen Sorten, die von diesem Blührhythmus abweichen, etwa die zweimal blühende Damaszenerrose *(Rosa × damascena var. bifera)* sowie die Sorten der Rosenklassen, die erst Anfang des 19. Jahrhunderts entstanden. Letztere, vor allem die Remontant-Rosen, werden dementsprechend auch als Verbindungsglied zwischen Alten und Modernen betrachtet und können in unterschiedlichem Ausmaß wiederholt blühen. Einige remontieren, das heißt, sie bringen im Herbst eine zweite Blüte hervor. Andere blühen nach oder sind echt öfterblütig, weil sie während der ganzen Saison immer wieder Knospen ansetzen. Diese begehrte Eigenschaft erbten sie von den eingekreuzten Chinarosen und Teerosen, die nach 1750 aus China nach Europa kamen. Das waren keine Wildarten, sondern bereits uralte Kulturformen.

Bei Historischen Rosen handelt es sich fast ausnahmslos um Strauchrosen. Sie lassen sich daher gut vergesellschaften. Ihre Höhe und Gestalt ist sortenabhängig.

Hagebuttenschmuck

Die einmalige Blüte bringt jedoch auch Vorteile mit sich: Während man bei Dauerblühern verwelkte Blüten abzwickt, um die Nachblüte zu fördern, dürfen Alte Rosen getrost Früchte ausbilden. Und dieser herbstliche Hagebuttenschmuck hat durchaus eigene Reize.

Allerdings bringen stark gefüllte Formen, z. B. die Zentifolien, mitunter kaum noch Hagebutten hervor. Der zunehmende Grad der Füllung geht zu Lasten der Fruchtbarkeit, weil Staubblätter in Blütenblätter umgewandelt wurden.

Der Wuchs

Während das moderne Rosensortiment neben Sträuchern auch Beetrosen, Miniaturrosen, Bodendeckerrosen, Kletterrosen und Kaskadenrosen kennt, handelt es sich bei den alten Sorten fast ausschließlich um Strauchrosen. Für flächendeckende Verwendung eignen sich Historische Sorten also nicht. Sie wirken vielmehr als Solitär oder setzen innerhalb einer gemischten Pflanzung zauberhafte Akzente. Einige ergeben auch dekorative frei wachsende Hecken (siehe Kapitel »Gartengestaltung ...«, Seite 64).

Sorten mit sehr langen Trieben lassen sich mit geeigneter Stütze auch als Kletterrosen ziehen.

Der Duft

Das bezauberndste Argument für die Verwendung Alter Rosen ist ihr Duft. Er gehörte früher untrennbar zur Rose und stellte ein geradezu sprichwörtliches Charakteristikum dar. Doch das Einkreuzen von Chinarosen, mit dem Ziel der Dauerblütigkeit, hat die meisten modernen Sorten um dieses herrlich sinnliche Merkmal gebracht. Alte Rosen duften noch. Unter den vielen aufgeführten Sorten befinden sich gerade einmal vier ohne Parfum!

Bewegte Rosengeschichte

In Gesteinsschichten des Tertiärs fanden Wissenschaftler fossile Reste von Blättern und Stacheln, die man der Rose zuordnet. Das bedeutet, dass sie bereits vor 25 bis 30 Millionen Jahren die Erde besiedelte, also lange vor den ersten Menschen!
Ihre natürliche Verbreitung ist auf die nördliche Halbkugel beschränkt, wobei ihr Ursprung wahrscheinlich in Zentralasien liegt. Von dort aus eroberte sie China, Japan, Indien, Europa, den Mittelmeerraum und Nordamerika.

Die Sumerer sollen schon 2000 v. Chr. Rosen kultiviert haben. Eine der ältesten Abbildungen einer Rose fand man im Palast von Knossos auf der Insel Kreta. Sie entstand zwischen 1800 und 1600 v. Chr.
Die Wissenschaft vermutet jedoch, dass die Rosentradition im hoch kultivierten China noch weiter zurückreicht. Dort sollen sie bereits um 2700 v. Chr. als Zierpflanzen Gärten geschmückt haben. Schriftlich belegt wird dies allerdings erst bei Konfuzius 500 v. Chr. Auch im vorderen Orient hat die Rose eine lange Tradition. In Persien gibt es für Blume und Rose nur ein Wort.

In der Antike

So richtig nachvollziehbar wird die Vergangenheit der Rose erst mit der Geschichtsschreibung in der Antike. Die Griechen schmückten siegreich heimkehrende Soldaten mit Rosenkränzen. Man brachte die Rose in Zusammenhang mit Aphrodite, der Göttin der Liebe und Schönheit. Um 600 v. Chr. prägte Sappho von der Insel Lesbos, die größte Lyrikerin des Altertums, den Begriff »Königin der Blumen«. 300 Jahre später unterscheidet Theophrast bereits gefüllte und einfache Rosen.

Der sprichwörtliche Duft der Rose kommt bei den Alten Sorten noch voll zur Entfaltung. Schon im Mittelalter wurden Rosen zur Öl- und Duftgewinnung verwendet.

Das alte Rom frönte dem Rosenkult. Auf kaiserlichen Gelagen wateten die Gäste in Blütenteppichen, manche erstickten sogar im dichten »Regen« der Blütenblätter.

Die Römer übernahmen die gefüllten Gartenrosen von den Griechen. Sie setzten den Brauch fort, Rosenkränze als Zeichen der Tapferkeit und Ehre zu verleihen, und weihten sie ebenfalls ihrer Göttin der Liebe, der Venus.

Mit zunehmender Dekadenz der römischen Kaiser gierten die Römer mehr und mehr nach diesem Luxusartikel. Zunächst entstanden private Rosengärten, später kultivierte man riesige Anbauflächen. Immer mehr Äcker produzierten Rosen anstelle von Nahrungsmitteln. Blütenblätter füllten Kissen, rieselten bei Festgelagen auf die Gäste nieder oder bildeten knöchelhohe Teppiche in den Sälen. Nero (37–68 n. Chr.) importierte für seine Orgien ganze Schiffsladungen Rosenblüten aus Ägypten. Ihren perversen Höhepunkt erreichte diese Entwicklung Anfang des dritten nachchristlichen Jahrhunderts, als Kaiser Heliogabal seine Gäste mit solchen Blütenmengen überschüttete, dass einige darin erstickten. Den frühen Christen waren Rosen deshalb als Symbol für Lasterhaftigkeit verhasst.

Im Mittelalter

Die Ironie des Schicksals aber wollte, dass gerade die Kirche für die Erhaltung und Verbreitung der Rose sorgte. Benediktinermönche brachten die Apothekerrose *(R. gallica)* zunächst nach England, dann nach Deutschland. Sie kultivierten sie in den Klostergärten als Heilpflanze. Um das Jahr 800 ordnete Karl der Große in seinem berühmten »Capitulare de Villis« an, welche Pflanzen auf den kaiserlichen Landgütern anzubauen waren. An erster Stelle nannte er die Rose. Nach und nach eroberte sie die Gärten des Adels, der Reichen und der Bauern. Schon im 11. Jahrhundert hatte sie

Die Wildrose: Vorlage für Fensterrosetten romanischer Kirchen, aber auch für das Pentagramm (den Drudenfuß).

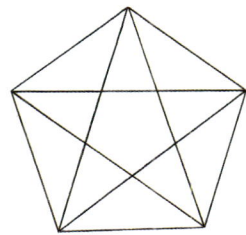

In der Renaissance avancierte die Rose zum beliebten Motiv für Maler. Blumenmaler Jan Brueghel d. Ä. stellt sie Flora zur Seite.

einen festen Platz in jedem Blumengarten.

Das Christentum versöhnte sich mit der Rose, indem sie sie zum Attribut der Jungfrau Maria machte. Die Rose stand jetzt für göttliche Liebe, Reinheit, Keuschheit, aber auch für Blut, Schmerz, Tod und Trauer. Dennoch ging die alte erotische Bedeutung nie ganz verloren. Noch lange hießen Straßen, in denen Freudenhäuser standen, »Rosengasse« oder »Rosenwinkel« und die Dirnen »Rosengässlerinnen«.

Nicht nur *Rosa gallica* verbreitete sich im Mittelalter bei uns, auch die Damaszenerrose wurde um diese Zeit in Mitteleuropa populär. Vermutlich brachten sie Kreuzritter aus dem Heiligen Land mit, und auch die Mauren, die 711 Südspanien eroberten, hatten sie wohl im Gepäck.

Immer beliebter wurde die Sitte, Rosen ins Familienwappen aufzunehmen. Die so genannten Rosenkriege verdanken ihre Bezeichnung der Tatsache, dass zwei Linien, das Haus York und das Haus Lancaster, die beide eine Rose in ihrem Wappen führten, um den englischen Thron stritten.

Aufkommende Geheimorden wie Rosenkreuzer und Freimaurer wählten die Rose zu ihrem Wahrzeichen. So erhielt sie eine weitere symbolische Bedeutung: Verschwiegenheit. »Sub rosa dictum« – was unter der Rose gesagt wurde, sollte geheim bleiben.

Die Freimaurerei geht in ihren Ursprüngen auf Steinmetze und Baumeister zurück. Sie griffen als Erste die Geometrie der Rosen auf und setzten sie in Stein um. Verbindet man die Spitzen der

Die Apothekerrose *(R. gallica* 'Officinalis') gab es vermutlich schon in der Antike. Im 14. Jahrhundert baute man sie in Frankreich großflächig als Heil- und Duftpflanze an.

Kaiserin Joséphine de Beauharnais trug die größte Rosensammlung ihrer Zeit zusammen.

fünf Blütenblätter der Wildrose, entsteht das Pentagramm. Die Rose fungierte auch als Vorlage für die unvergleichlichen Fensterrosetten romanischer und gotischer Kathedralen.

Von der Renaissance bis ins 19. Jahrhundert

Zu dieser Zeit existierten bereits weitreichende Handelswege in den Orient und Fernen Osten, die den Routen der alten Seidenstraße folgten. Aber auch zahlreiche Schifffahrtslinien verbanden Europa mit fernen Erdteilen. Amerika wurde entdeckt, und

Rosen wechselten in beiden Richtungen über den Atlantik. Überall wurde lebhaft gezüchtet und gekreuzt. Man vermutet, dass in dieser Zeit in Holland die Hundertblättrige Rose (*Rosa × centifolia*) entstand. Als weiterer Motor für die Verbreitung der Rosenliebhaberei wirkte Napoléons Gemahlin, die **Kaiserin Joséphine de Beauharnais.** Sie begann 1804, Rosen aus aller Welt zu sammeln, und pflanzte sie in den Garten ihres Schlosses Malmaison bei Paris. Bis zu ihrem Tode hatte sie es auf rund 250 Arten und Sorten gebracht und besaß damit die damals größte Rosensammlung der Welt. Sie löste mit dieser Leidenschaft eine Mode aus.

Im 19. Jahrhundert überschlugen sich die Entwicklungen in der Rosenzüchtung. Die neu entdeckten Chinarosen wurden in die Formen des Abendlandes eingekreuzt und verliehen diesen die faszinierende Eigenschaft der Nachblüte. So entstanden neue Rosenklassen, die Bourbon-, Noisette- und Remontant-Rosen. 1867 schließlich gelang mit der ersten Teehybride 'La France' der große Durchbruch zur Dauerblüte. Die löste einen wahren Züchtungsboom aus – mit dem Ergebnis, dass wir

heute rund 30 000 Rosensorten kennen. Die meisten davon sind jedoch weniger als hundert Jahre alt.

auf einen blick

- »Alt« werden Rosen genannt, wenn die Klasse, der sie angehören, bereits vor 1867 in Kultur war. 1867 gilt als Stichjahr, weil damals die erste Edelrose entstand.
- Alte oder Historische Rosen zeichnen sich durch die typisch nostalgische Blütenform aus: Im Gegensatz zu den hochgebauten Edelrosen sind sie rund und flach, meist dicht gefüllt oder wildrosenähnlich.
- Ihr Farbspektrum dominieren Weiß- und Rosatöne.
- Sie verströmen zauberhaften Duft.
- Fast alle Sorten sind Strauchrosen, doch lassen sich Sorten mit langen Trieben auch gut als Kletterrosen ziehen.
- Gartenrosen wurden schon in der römischen und griechischen Antike kultiviert. Im Mittelalter bauten Mönche sie als Heilpflanze an. Sie durften in keinem Bauerngarten fehlen.
- Im 19. Jahrhundert wurden die ersten Chinarosen eingekreuzt und es entstanden bereits remontierende Sorten.

Die schönsten Alten Rosen

Dank der Arbeit und des unermüdlichen Einsatzes von Sammlern, Liebhabern und einigen Baumschulspezialisten gibt es heute wieder zahlreiche Sorten Alter Rosen zu kaufen. Doch wer die Wahl hat, hat bekanntlich auch die Qual.

Beim Kauf sollte man nicht nur auf schöne Blüten achten, sondern auch die Ansprüche an Standort und Winterhärte berücksichtigen. Die Klassenzugehörigkeit einer Sorte gibt dabei wichtige Entscheidungshilfen. Man unterteilt das Sortiment Historischer Rosen in mehrere **Klassen,** die auf unterschiedliche Ausgangsformen zurückgehen. Diese Klassenzugehörigkeit verrät einiges über wichtige Eigenschaften wie Wuchsform, Größe, Duft, Frosthärte, Standortansprüche und Blührhythmus. Das Wissen darum erleichtert daher Planung, Auswahl und Pflege.

Die Klassen der Urahnen

Hierzu zählen die fast ausnahmslos einmalblühenden Sorten, deren Stammbaum Jahrhunder-

◀ Jede Klasse hat ihre typischen Merkmale. Im Bild *Rosa × centifolia* 'Muscosa Rubra' mit den kennzeichnenden Drüsenhaaren.

te, wenn nicht gar Jahrtausende zurückreicht.

Gallica-Rosen

Zu deutsch heißt die *Rosa gallica* Gallische Rose oder Essigrose, auch Provins-Rose. Gallica-Rosen sind wahrscheinlich **die ältesten Gartenrosen überhaupt.** Die wilde Urform ist in Mittel- und Südeuropa sowie in Kleinasien heimisch. Sie war bereits den alten Griechen und zuvor den Persern bekannt. Vielen ihrer Abkömmlinge hat sie einen vorzüglichen Duft mitgegeben. Alle Gallica-Rosen blühen nur einmal in der Saison. Sie bereichern das sonst überwiegend helle Farbspektrum der Alten Sorten um **satte, dunkle,** karminrote bis purpur-violette **Töne.** Oft wechselt ihr Farbspiel vom Aufblühen bis zum Welken stark. Nicht selten rollen dabei die Blütenblätter mehr und mehr nach außen um, eine typische Gallica-Eigenart. Zu ihren Markenzeichen gehört weiterhin kräftig dunkelgrünes und etwas derb-ledriges Laub. Triebe, Blatt-

Dunkle, karminrote bis purpurne Farben sind eine Stärke der Gallica-Rosen (hier 'Cardinal de Richelieu').

stiele und Hagebutten tragen dünne, borstenähnliche Stacheln. Im **Wuchs** zeigen sich die Vertreter dieser sehr umfangreichen Klasse **kompakt.** Mit Höhen von ein bis eineinhalb Metern passen sie auch gut in kleine Gärten. Gallica-Rosen lassen sich oft schön an Säulen und Rosenbögen ziehen und eignen sich als lose, niedrige Hecke. Sie zeichnen sich durch gute Gesundheit, Pflegeleichtigkeit und große Winterhärte aus.

Alba-Rosen

Die Weiße Rose, so die wörtliche Übersetzung von *Rosa alba*, entstand vermutlich in Südosteuropa als natürliche Kreuzung. Ihre

Alba-Rosen wie 'Königin von Dänemark' verbinden zarte, helle Blüten mit extremer Robustheit.

genaue Herkunft verliert sich im Nebel der Geschichte. Fest steht: Sie ist näher als alle anderen Gartenrosen mit unserer heimi-

Die Hagebutten der Apothekerrose enthalten viel Vitamin C und eignen sich hervorragend zum Kochen von Konfitüren. Nicht umsonst wurde sie schon in mittelalterlichen Klostergärten als Heilpflanze kultiviert.

schen Wildrose, der Hundsrose *(Rosa canina),* verwandt und ist die Stammform einer großen Klasse, zu der einige der ältesten Gartensorten gehören. Nomen est omen – das Farbspektrum beschränkt sich auf **Weiß und helle, zarte Rosatöne,** die zusammen mit dem graugrünen Laub sehr romantisch wirken. An den Trieben ragen spitze, säbelförmige Stacheln hervor. Die Blüten duften ausnahmslos, bei einigen Sorten sogar sehr intensiv. Es gibt dicht gefüllte, aber auch viele nur halbgefüllte Varietäten, die noch den zarten Charme der Wildrosen besitzen.

Die Sträucher sind durchweg einmalblühend. Sie entwickeln oft einen **kräftigen, buschigen Wuchs.** Die höchsten erreichen stattliche drei Meter und haben dann oft malerisch überhängende Triebe. Sie bilden auch bezaubernde Hecken.

Das große Plus der Alba-Rosen ist ihre **außerordentliche Winterhärte.** Den Ruf der Robustheit verdanken die Alten Rosen vor allem dieser Klasse. Alba-Rosen gedeihen auch noch in kalten, höheren Lagen und eignen sich sogar für halbschattige Standorte. Krankheiten kennen sie so gut wie gar nicht. Schnitt ist kaum erforderlich.

Damaszenerrosen

Diese Klasse bildet ein kleines, aber umso exquisiteres Sortiment. Die Rose aus Damaskus (was so viel wie Land der Rosen bedeutet!) ist die Urform dieser Klasse. Man vermutet ihren Ursprung in der Nähe der syrischen Hauptstadt, die ihr den Namen gab. Schon 1000 v. Chr. existierte sie auf der Insel Samos und wahrscheinlich noch einmal 1000 Jahre früher in persischen Gärten.

Das Markenzeichen der Damaszener-Sorten ist ihr intensiver, **schwerer und nachhaltiger Duft.** Von allen Alten Rosen haben sie das stärkste Parfum.

Der Name 'Isphahan' verweist auf ihre Herkunft. Orientalisch üppig ist der Duft aller Damaszenerrosen.

'Fantin Latour': zu Recht eine der berühmtesten Vertreterinnen ihrer Klasse. Duft und üppige gefüllte Blüten machten Zentifolien zum Inbegriff Alter Rosen.

Aller Wahrscheinlichkeit nach waren an ihrer Entstehung Kletterrosen beteiligt. Dies zeigt sich in den langen, eleganten, bogig überhängenden Trieben. Die meisten Sorten werden eineinhalb bis zwei Meter hoch. Die Blüten erscheinen in Büscheln. Da sich auch die Blütenstiele leicht biegen, lassen sie die Köpfe etwas nicken. Die aparten Blütenblätter wirken fast transparent und sind meist rosa oder weiß. Purpur- und Violetttöne gibt es in dieser Klasse kaum. Die Laubblätter sind blassgrün, weich und unterseits fein behaart. An den Zweigen findet man Härchen und Stacheln.

Man unterscheidet zwei Typen: die **sommerblühende** (einmalblühende) Damaszenerrose und die **herbstblühende** R. × damascena var. bifera. Sie heißt auch R. × damascena var. semperflorens, was wörtlich übersetzt »immerblühend« bedeutet. Davon kann zwar keine Rede sein, aber immerhin ist dieser Typ in der Lage, im Herbst noch einmal nachzublühen (zu remontieren).

Zentifolien

Die Hundertblättrige Rose (Rosa × centifolia) überzeugt durch opulente, **üppig gefüllte Blütenbälle** und **süßen Duft.** Diese Klasse geht nicht auf eine Wildform zurück. Vielmehr handelt es sich um eine komplexe, mehrfach zusammengesetzte Kreuzung, die vermutlich im 16. Jahrhundert in Holland entstand. Flämische Maler haben sie auf vielen Stilleben verewigt, was ihr den Beinamen »Rose des Peintres« **(Rose der Maler)** eintrug. Die Größe der Blüten und die ineinander gefalteten Blütenblätter führten auch zu dem Synonym Cabbagerose (Kohlrose). Da die üppige Zahl an Blütenblättern aus umgewandelten Staubblättern hervorging, ist die Fruchtbarkeit stark eingeschränkt, und Hagebutten bilden sich nur selten.

Zentifolien tragen mattgrünes Laub und sind sowohl mit haarähnlichen als auch mit säbelartigen Stacheln bewehrt. Die kleinsten Sorten erreichen kaum einen Meter Höhe, die höchsten werden bis zu zwei Meter groß. Ihr **Wuchs** wirkt **locker, offen** und etwas auseinander fallend. Bei einigen Sorten empfiehlt sich das Aufbinden im Mai, bevor die schweren Blüten die überhängenden Triebe zu Boden ziehen. Insbesondere bei Regenwetter gibt es damit Probleme. Am schönsten gedeihen Zentifolien bei starker Sonneneinstrahlung und guter Düngung. Auch die Sorten dieser Klasse blühen normalerweise nur ein-

Die Ur-Moosrose *R.* × *centifolia* 'Muscosa' gehört noch immer zu den schönsten ihrer Klasse.

mal. Ein paar Ausnahmen bestätigen die Regel. Sie erweisen sich als gut winterhart und duften sehr stark. Das Farbspektrum bewegt sich zwischen Weißrosa und Karminrot.

Moosrosen

Eine durch spontane Mutation entstandene Variante der Zentifolie ist die Moosrose *(Rosa × centifolia muscosa)*, die im Laufe

Wenn man das Moos der Moosrosen zwischen den Fingern drückt, verströmt es den köstlichen Balsamduft noch intensiver. Es lohnt sich daher, sie an Wegrändern oder Terrassen zu platzieren, wo man sie im Vorbeigehen berühren kann.

des 17. Jahrhunderts populär wurde. Sie gleicht in allen Eigenschaften der Ausgangsform. Blütenstiele, Fruchtknoten und Kelchblätter weisen jedoch **Drüsenhaare** auf und wirken dadurch wie **zart bemoost.** Dieses grüne, bräunliche oder rötliche »Moos« verströmt einen **harzigen** Duft, der sich reizvoll mit dem typischen Zentifolienduft der Blüten vermischt.

Kleine, einfache Blüten gibt es bei den Moosrosen ebenso wie prunkvolle Zentifolienbälle. Schwachwüchsige, für Kübel geeignete Formen existieren neben so beeindruckenden Erscheinungen wie 'William Lobb'.

Chinarosen

Zwischen 1750 und 1820 erreichten die ersten Chinarosen Europa. Es handelte sich um Gartenformen, also Sorten, die in ihrer Heimat teilweise schon Hunderte von Jahren in Kultur standen.

Die Sorten dieser Klasse bleiben im **Wuchs relativ niedrig** und klein. Sie bilden zarte, zierliche Zweige und passen deshalb gut in heutige kleine Gärten. Auch für Topf- und Kübelkultur eignen sie sich hervorragend, schätzen aber immer ein vollsonniges Plätzchen.

Die Blüten werden höchstens mittelgroß, erscheinen dafür aber überreichlich. Das faszinierende Neue an den Chinarosen war die **Dauerblüte bis zum Herbst.** Außerdem brachten Chinarosen als Erste die wirklich **rein rote Blütenfarbe** mit. Diese Merkmale beflügelten die Züchter. Nachteile wie geringe Winterhärte und erhöhte Krankheitsanfälligkeit wurden billigend in Kauf genommen. Besonders Pilzkrankheiten setzen ihnen oft arg zu. Unter den Chinarosen gibt es einige Formen, die auch für unser Klima hart genug sind, andere brauchen Winterschutz.

Chinarosen führten die begehrte Dauerblüte in Europa ein (hier 'Little White Pet').

Die Klassen des 19. Jahrhunderts

Im 19. Jahrhundert wurde ein völlig neues Rosen-Kapitel aufgeschlagen: Alle nachfolgenden Klassen tragen in ihrem Erbgut bereits Gene chinesischer Rosen und können daher in unterschiedlichem Ausmaß wiederholt blühen. Sie stellen den Übergang zu den Modernen Sorten dar. Einige erbten aber auch die Frostempfindlichkeit und eine gewisse Anfälligkeit für Krankheiten. In ihrem Aussehen dominieren jedoch die charakteristischen Merkmale der Alten Sorten. Und neben den typischen üppigen Blüten erhielten sie sich auch den intensiven Duft.

Ein typisches Merkmal der Portlandrosen ist ihr kurzer Blütenstiel. Ihr kompakter Wuchs und die hinreißenden Blüten machen sie vielseitig verwendbar.

Portlandrosen

Eine kleine Gruppe mit sehr reizvollen Sorten. Die Gelehrten streiten sich darüber, ob bei der ersten Portlandrose bereits eine Chinarose *(R. chinensis)* beteiligt war oder ob es sich um einen Sämling aus *R.× damascena* var. *bifera* und *R. gallica* handelt. Jedenfalls ist sie in der Lage, bis zum Herbst nachzublühen. Sie entstand um das Jahr 1800. Der Legende nach brachte sie die Herzogin von Portland nach England. Daher wurde sie ihr zu Ehren 'Duchesse of Portland' bzw. 'Rosier de Portland' oder 'Portlandica' genannt. Züchter kreuzten sie mit Chinarosen weiter. So entstand eine neue Rosenklasse mit der begehrten Eigenschaft der **Öfterblütigkeit**. Portlandrosen verzweigen sich stark, **wachsen** daher **kompakt buschig.** Mit Höhen um einen Meter bleiben sie zudem relativ niedrig. Sie sind gut winterhart und haben von ihren Damaszenervorfahren den **wunderbaren Duft** geerbt. Ein Charakteristikum stellen die **kurzen Blütenstiele** dar. Die Blumen sitzen dicht über dem letzten Laubblatt. Das Farbspektrum umfasst neben Zartrosa auch leuchtendes, kräftiges Karminrot. Das Ausschneiden verblühter Blumen fördert die Nachblüte. Gegenüber Pilzkrankheiten zeigen sie sich wenig empfindlich.

Mit ihren opulenten Blüten ist die Sorte 'Zigeunerknabe' ein typischer Vertreter der Bourbon-Rosen.

Bourbon-Rosen

Diese Klasse geht zurück auf einen Zufallssämling, der 1817 auf der Insel Bourbon gefunden wurde, dem heutigen Réunion. Er entstand aus der herbst-blühenden Damaszenerrose *(R. × damascena* var. *bifera)* und der chinesischen 'Parson's Pink China' (auch 'Old Blush'). Die öfter blühende Neuentdeckung wurde zum Gärtner des Herzogs von Orléans nach Frankreich

Wer auf frostempfindliche Noisette-Sorten auch in raueren Lagen nicht verzichten möchte, für den ist die Kübel-Haltung eine gute Alternative. Mit den ersten Frosttagen räumt man die Pflanzen zum Überwintern, in einen kühlen, aber eisfreien Raum.

geschickt und dort weiterge-züchtet.

Inzwischen stellen Bourbon-Rosen eine umfangreiche Klasse dar. Sie bilden atemberaubend schöne Blüten von lieblichem Duft. Sie sind **opulent gefüllt,** schalen- bis becherförmig, **edel gebaut** und erscheinen mit nur kurzen Unterbrechungen von **Juni bis zum Spätherbst,** wobei der Höhepunkt im September liegt. Bourbon tragen nur wenige Stacheln, manchmal gar keine. Diese sind dann im Regelfall je-doch außergewöhnlich kräftig. Die Wuchseigenschaften variie-ren stark. Viele wachsen schlank aufrecht und bilden kräftige, mehr als mannshohe Triebe. Sie eignen sich gut für Säulen und Obelisken und können sogar als Kletterrosen verwendet werden. Es gibt aber auch kleine, niedrige Beetrosen wie beispielsweise die bezaubernde 'Souvenir de la Malmaison', die mühelos auch in Reihenhausgärten Platz findet. Ebenso unterschiedlich zeigen sich die Sorten in puncto Winter-härte und Pilzanfälligkeit. Bour-bon-Rosen lieben kräftige Böden.

Noisette-Rosen

Anfang des 19. Jahrhunderts kreuzte ein Reispflanzer in South Carolina, Nordamerika,

Rosa moschata mit der chine-sischen 'Parson's Pink China' (= 'Old Blush'). Einer der Säm-linge wurde zur Urform dieser Klasse. Der Pflanzer nannte sie 'Champney's Pink Cluster'und überließ sie seinem Nachbarn Philippe Noisette zur Vermeh-rung.

Noisette-Rosen zeigen fast alle **kletternden Wuchs.** Sie sind starkwüchsig und elegant lang-triebig, viele können hervor-ragend in Bäume klettern. Sie schmücken sich mit dekorativen, großen, oberseits glänzenden Laubblättern und zahlreichen Blütenbüscheln. Ihre Stacheln sind kräftig und gebogen, er-scheinen aber nur vereinzelt an den Trieben.

Malerische Kletterer in vorwiegend gelblichen Farben wie 'Gloire de Dijon' bieten die Noisette-Rosen.

'Ferdinand Pichard': ein Star der Remontant-Klasse, die die Vorstufe zu den Modernen Sorten darstellt.

Eine Besonderheit ist die Farbpalette: Durch das Einkreuzen einer gelben Teerose **dominiert Gelb in allen Nuancen.** Weiße, pfirsich- und orangefarbene Töne sind ebenfalls häufig, Rosa und Rot gibt es dagegen kaum. Leider sind die meisten Sorten frostempfindlich. Im Weinbauklima blühen sie fast ununterbrochen. In kühleren Lagen sollte man ihnen einen geschützten Standort geben, z.B. Atriumhöfe.

Remontant-Rosen

Diese äußerst umfangreiche Klasse wird botanisch als *Rosa hybrida bifera* überschrieben und entstand etwa gleichzeitig mit den Bourbon-Rosen Anfang des 19. Jahrhunderts. An ihrem Zustandekommen sind fast alle wichtigen Rosengruppen beteiligt.

Die meisten Sorten **remontieren** (blühen im Herbst nach), es gibt aber auch echte **Öfterblühende.** Remontant-Rosen gelten als das Verbindungsglied zwischen Alten und Modernen Sorten. Ein kräftiger, stämmiger, mitunter überhängender Wuchs charakterisiert viele Varietäten. Andere gleichen bereits stark den heutigen Teehybriden. Beliebt sind sie wegen ihrer **großen, rundlichen,** prall gefüllten **Blüten,** die großzügig duften. Verwelkte Blütenstände sollte man ausschneiden. Alle Remontant-Rosen sind gut winterhart und lieben kräftige Böden.

Moschata-Rosen

Moschata-Rosen bzw. -Hybriden gehören eigentlich schon ins 20. Jahrhundert. Nach ihren Schöpfern, dem deutschen Züchter Peter Lambert und dem britischen Geistlichen Reverend Pemberton, heißen sie auch **Lambertiana-** oder **Pemberton-Rosen**. Diese beide begannen

Wolken aus Duft und Blüten bilden die stattlichen, öfter blühenden Moschata-Rosen. 'Ghislaine de Féligonde' bezaubert mit dem Farbspiel ihrer Blüten.

vor rund 100 Jahren, **öfter blühende Strauchrosen** zu ziehen, die in erster Linie auf die Ursprungssorte 'Trier' zurückgehen. Moschata-Hybriden sind sehr dankbar und robust. In strengen Wintern frieren sie zwar zurück, regenerieren sich aber schnell wieder. Sie blühen in Büscheln unermüdlich von Mitte Juli bis zum ersten Frost. Zarte Pastellfarben dominieren das Blütenspektrum.

Sie bilden **große Sträucher,** aber mit graziösen, langen, **überhängenden Zweigen** und eignen sich daher gut als Rabattenstrauch, viele aber auch als Kletterrosen oder zur Hangbepflanzung. Ein starker Schnitt tut ihnen gut.

Ein betörendes Charakteristikum verbindet vor allem die gefüllt blühenden Sorten: der intensive **himmlische Duft.** Er geht auf die Moschus-Rose *(Rosa moschata)* zurück. Obwohl der Anteil ihrer Erbmasse an den neuen Hybriden nur einen kleinen Bruchteil ausmacht, gab sie doch der ganzen Klasse ihren Namen.

Viele Moschata-Hybriden eignen sich auch hervorragend zum Überwallen kleiner Mauern.

Die besten Sorten im Portrait

Gallica-Rosen

'Belle de Crécy'

Eine sehr bekannte, frostharte Sorte, die starken Schnitt und gute Pflege braucht, um einen kompakten, robusten Strauch zu bilden. Gehört zu den Besten ihrer Klasse! Sie ist benannt nach der Heimatstadt ihres Züchters.
Ursprung/Züchter: Roeser, Frankreich, vor 1848.
Blüte: Kirschrot, lila gefleckt, im Verblühen purpur bis violettgrau. Stark gefüllt, mittelgroß, erst kugelig, später flach, in Büscheln; reich blühend.
Duft: Sehr intensiv.
Höhe: 120–150 cm
Wuchs: Locker, stark überhängend, 90 cm breit.

'Belle Isis'

Eine der schönsten belgischen Züchtungen. Sie trägt den Namen der ägyptischen Fruchtbarkeitsgöttin. Ihr helles, graugrünes Laub unterstreicht die Zartheit der Blüten. Ein sehr frostharter Strauch, der gut in den Vordergrund von Rabatten oder Rosenbeeten passt. Er ist auf Grund der geringen Größe ideal für kleine Gärten.
Ursprung/Züchter: Parmentier, Belgien, 1845.
Blüte: Seidig hellrosa, fast weiß. Gut gefüllte Blütenrosetten. Die Knospen sind kugelig und leicht karminrosa gestreift.
Duft: Sehr intensiv mit leicht würziger, herber Note; erinnert etwas an Myrrhe.
Höhe: 90–120 cm
Wuchs: Mittelstark, niedrig, ca. 90 cm breit.

'Belle Isis'

'Charles de Mills'

'Camaieux'

Das faszinierende Farbspiel macht diese Rose so interessant und gab ihr den Namen: Er bedeutet Ton in Ton, nach einer früher verbreiteten Maltechnik. Ihr Laub ist für eine Gallica-Rose eher untypisch graugrün, die Triebe sind wenig bestachelt. Die Sorte schätzt guten Boden und Halbschatten.
Ursprung/Züchter: Vibert, Frankreich, 1830.
Blüte: Zartrosa mit karminfarbenen Streifen, die später purpurviolett bis lilagrau werden. Sie sind locker gefüllt, mittelgroß und erscheinen in Büscheln.
Duft: Anfangs stark, später verblassend.
Höhe: 100–120 cm
Wuchs: Buschig, etwa 90 cm breit, Triebe bogig überhängend.

'Cardinal de Richelieu'

Eine der berühmtesten Rosensorten, benannt nach dem Minister von Ludwig XIII. Sie gehört zu den dunkelsten Alten Rosen und hinterlässt mit ihrer Blütenfarbe und dem Duft einen starken Eindruck. Ihr Laub ist tiefgrün, gesund und wenig bestachelt. Nicht in die pralle Sonne oder auf magere Böden setzen.

Braucht Rückschnitt. Bild siehe Seite 15.
Ursprung/Züchter: Laffay, Frankreich, 1840.
Blüte: Samtig, sehr dunkel purpurviolett. Die ballförmigen Blüten werden mittelgroß bis groß und erscheinen sehr reichlich. Die Blütenblätter rollen beim Abblühen zurück.
Duft: Intensiv, süß.
Höhe: 120–150 cm
Wuchs: Buschig, kompakt; kann auch als Kletterrose Säulen beranken.

'Charles de Mills' (Syn.: 'Bizarre Triomphant')

Der Top-Favorit und ein Juwel unter den Alten Rosen. Die hinreißend geviertelten Blüten, die kräftige Farbe und der gefällige Wuchs machen den Strauch zu einem echten Schmuckstück im Garten, in das man sich einfach verlieben muss. Die Pflanze verträgt auch Halbschatten. Der Name geht möglicherweise auf einen Engländer namens Mills zurück, der Mitte des 19. Jahrhunderts für seine Rosen-Pergola berühmt war.
Ursprung: Herkunft unbekannt, zwischen 1830 und 1850 eingeführt.
Blüte: Satt karminrot bis purpur-violett. Der Strauch bildet opulente, flache, prall gefüllte Rosen mit geviertelter Mitte. Sie stehen in Büscheln zusammen.
Duft: Sehr intensiv, lieblich.
Höhe: 130–150 cm
Wuchs: Rundbuschig, gedrungen, fast so breit wie hoch.

'Gloire de France'

'Hippolyte'

So hieß die Amazonenkönigin der griechischen Sage. Der stattliche Strauch trägt zierliche Blüten und kleine Blätter – ein aparter Gegensatz. Die langen Zweige sind nahezu stachellos.
Ursprung: Frühes 19. Jahrhundert.
Blüte: Samtig karmin-violett. Kleine, aber gut gefüllte Blumen, erscheinen sehr zahlreich. Die Blütenblätter rollen bald nach außen, wie das häufig bei Gallica-Rosen der Fall ist.
Duft: Zart.

'Hippolyte'

'Duchesse de Montebello'

Die Sorte geizt nicht mit Reizen. Sie blüht sehr zeitig. Das für Gallica-Rosen eher untypische graugrüne Laub harmoniert gut zur hellen Blütenfarbe. Ein sehr frostharter Strauch.
Ursprung/Züchter: Laffay, Frankreich vor 1829.
Blüte: Perlrosa, am Rand weißlich. Mittelgroße Blüten, dicht gefüllt, kugelig bis schalenförmig. Sie erscheinen in Büscheln.
Duft: Zart, süß.
Höhe: 130–150 cm
Wuchs: Kräftig, stark überhängend.

'Gloire de France'

Von der Blütenform her eine typische Alte Rose, die ihre Blütenfarbe interessanterweise in Abhängigkeit von der Witterung ändert, je nach Ausmaß von Sonne und Schatten.
Ursprung/Züchter: Rosier, Frankreich vor 1820.
Blüte: Kräftig mauve-rosa, am Rand heller. Groß, gefüllt, schalenförmig, geviertelt.
Duft: Zart.
Höhe: 100–150 cm
Wuchs: Kräftig, ausladend, etwa 100 cm breit.

Höhe: 150 cm
Wuchs: Sehr kräftig, buschig mit langen, hängenden Zweigen.

'Jenny Duval'

Ihre Namenspatronin soll die Maitresse Beaudelaires gewesen sein. Das Farbspiel der wetterfühligen Sorte liefert ein spannendes Schauspiel. Sie passt gut in gemischte Rabatten, deren Pflanzen ihr Farbspektrum aufgreifen. Häufig wird die Sorte mit 'Président de Sèze' verwechselt.
Ursprung: 19. Jahrhundert, Herkunft unbekannt.
Blüte: Witterungsabhängig von Purpurrot über Violett und Lila bis Mauve und silbrig Grau. Groß, dicht gefüllt, geviertelt.
Duft: Intensiv.
Höhe: 120 cm
Wuchs: Dichtbuschig, überhängend, 90 cm breit.

'L'Impératrice Joséphine' (Syn.: 'Empress Josephine', 'Souvenir de l 'Impératrice de Joséphine')

Sie soll eine Lieblingssorte von Kaiserin Joséphine, der Gemahlin Napoléons, gewesen sein und wurde deshalb später nach der berühmten Rosensammlerin benannt. Vorher hieß sie *Rosa × francofurtana*. Vermutlich handelt es sich um eine Kreuzung aus einer Gallica-Rose mit *Rosa cinnamonea*. Bereits 1583 erwähnte Clusius sie in seinen Schriften. Im Herbst bildet sie wunderschöne Hagebutten. Sie zählt zu den schönsten ihrer Klasse!
Ursprung: Herkunft unbekannt.
Blüte: Rein rosa. Groß, wuschelig gefüllt.
Duft: Zart.
Höhe: 100 cm
Wuchs: Buschig, dicht, 90 cm breit.

‘L'Impératrice Joséphine’

'Officinalis' Apothekerrose, Provinsrose, Red Rose of Lancaster

Diese Sorte ist ein lebendes Fossil: Schon vor 2000 Jahren, nämlich 79 v. Chr., beschrieb der römische Schriftsteller Plinius der Ältere eine Rose, bei der es sich vermutlich um *R. gallica* 'Officinalis' handelt. Anfang des 14. Jahrhunderts wurde sie großflächig um das französische Städtchen Provins herum angebaut und diente dort der Gewinnung von Arzneien und Düften. Im Mittelalter stand sie in jedem Klostergarten

'Officinalis'

'Rose du Maître d'École'
(Syn.: 'Du Maître d'École')

Diese Sorte ist nicht etwa nach einem Schulmeister benannt, sondern nach einem Ort in Frankreich. Ihre herrlichen Blüten sind rekordverdächtig groß und bieten was fürs Auge.
Ursprung/Züchter: Miellez, Frankreich, 1840.
Blüte: Dunkel rosarot, später lila aufhellend. Sehr groß, dicht gefüllt, flach, gefältelt, oft geviertelt.
Duft: Intensiv.
Höhe: 125 cm
Wuchs: Kräftig, buschig, so breit wie hoch.

und war auch häufig Motiv der Maler. Sie bildet im Herbst kugelige Hagebutten, die viel Vitamin C enthalten. Der niedrige Strauch passt gut in kleine Gärten und Staudenpflanzungen, bildet aber auch hübsche Hecken.
Ursprung: Ab 1313 historisch nachgewiesen, vermutlich aber schon im alten Rom bekannt.
Blüte: Leuchtend karminrot. Die mittelgroßen, halbgefüllten Blüten lassen die gelben Staubgefäße gut erkennen.
Duft: Sehr intensiv, würzig.
Höhe: 80–100 cm
Wuchs: Mittelstark, rund buschig, überhängend.

'Perle von Weißenstein'

Die erste deutsche Rosenzüchtung! Hervorgebracht vom Hofgärtner des Landgrafen Friedrich II. von Hessen auf Schloss Weißenstein bei Kassel. Die Sorte wurde erst 1978 im Park Wilhelmshöhe wiederentdeckt. Die aparten Blüten neigen bei Regenwetter leider leicht zum Verkleben.
Ursprung/Züchter: Schwarzkopf, Deutschland um 1773.
Blüte: Rosarot mit purpurner Mitte. Sehr dicht gefüllt.
Duft: Stark.
Höhe: 180–200 cm
Wuchs: Sehr stark, aufrecht.

'Rose du Maître d'École'

'Scharlachglut'

'Scharlachglut'

Trägt ihren Namen nicht nur wegen der Blütenfarbe. Im Herbst trumpft sie mit auffallend großen, roten Hagebutten auf. Das Laub changiert zum Teil in bronzefarbenen Tönen. Eine dekorative Erscheinung, geeignet für Einzelstellung und Rabatten. Ist sehr frosthart, auch für Höhenlagen.
Ursprung/Züchter: Kordes, Deutschland, 1952.
Blüte: Feurig scharlachrot. Groß, einfach gefüllt, daher mit sichtbarem gelbem Auge.
Duft: –
Höhe: 200 cm
Wuchs: Stark, buschig, überhängend, so breit wie hoch.

'Surpasse Tout'
(Syn.: 'Cerisette la Jolie')

Ihr Name bedeutet »übertrifft alles« und zielt wohl auf ihre Reichblütigkeit und den ausgezeichneten Duft ab. Die im Syn. enthaltene Bezeichnung »kleine Kirsche« spielt auf die Farbe an.
Ursprung: Vor 1832 in Kultur.
Blüte: Im Aufblühen karminrot, später leuchtend kirschrot. Die großen, üppig gefüllten Kelche nicken leicht. Reich blühend.
Duft: Intensiv, kräftig.

Höhe: 100–120 cm
Wuchs: Buschig, überhängend.

'Tricolore de Flandre'

Diese apart gemusterte, mehrfarbige Sorte fällt im Garten garantiert auf. Auf Grund ihres Wuchses eignet sie sich auch zum Beranken von Mauern und Säulen. Vorsicht: Die Triebe sind stark bestachelt.
Ursprung: Verbreitet durch van Houtte in Belgien 1846.
Blüte: Weiß, violett und karminrot gestreift. Mittelgroß und dicht gefüllt. Die Blütenblätter rollen im Abblühen nach außen um.
Duft: Zart.
Höhe: 120 cm

Wuchs: Dicht, breit, überhängend, auch als Kletterrose verwendbar.

'Tuscany'
(Syn.: 'The Old Velvet Rose')

Eine uralte Rose mit langer Tradition und eine der schönsten Gallica-Sorten. Die Blütenblätter schimmern wirklich samtweich, wie ihr englischer Name verrät. Ihre Eltern sind unbekannt. Das Laub ist kleinblättrig und mattgrün. Der Strauch liebt einen sonnigen Platz und ist sehr winterhart.
Ursprung: Vor 1596.
Blüte: Wirkt samtig. Auffällig tief dunkelrot, fast bräunlich, auch mit violetter Tönung. Die

'Tuscany'

halbgefüllten Blüten erreichen mittlere Größe und lassen die gelben Staubgefäße durchblitzen.
Duft: Zart.
Höhe: 130–150 cm
Wuchs: Aufrecht.

'Versicolor'
(Syn.: 'Rosa mundi')

Eine uralte, berühmte Sorte mit der seltenen gestreiften Maserung. Sie entstand durch Mutation aus *R. gallica* 'Officinalis' und ist ihr in allen Eigenschaften sehr ähnlich. Ihr Name 'Rosa mundi' gilt als Huldigung an Fayre Rosamunde, die Geliebte des englischen Königs Heinrich II.

Sie wurde früher gerne von Malern portraitiert. Ein auffälliger Solitär-Strauch, bildet aber auch effektvolle, niedrige Hecken. Die Sorte setzt viele Hagebutten an, da sie bei Bienen sehr beliebt ist. Achtung: Nicht mit *R. × damascena* 'Versicolor' verwechseln!
Ursprung: Um 1583.
Blüte: Karminrosa und weiß gestreift. Große, sehr seidige Blütenblätter formen die locker gefüllten Blumen dieser Sorte.
Duft: Intensiv.
Höhe: 120 cm
Wuchs: Mittelstark, etwa 100 cm breit.

'Versicolor'

Alba-Rosen

'Belle Amour'

Die Sorte wurde in einem Klostergarten in der Normandie entdeckt. Sie wird manchmal auch als Damaszenerrose geführt. Ihr für eine Alte Rose außergewöhnlicher Rosaton bereichert die Farbpalette des Sortiments. Schönes Laub und dekorative Hagebutten ergänzen ihren Schmuckwert.
Ursprung: Gefunden von Nancy Lindsay in Elboef, Frankreich, vor 1950.

'Blush Hip'

Blüte: Einfarbig, klares Hellrosa. Schalenförmig, leicht gefüllt. Die Blütenblätter wirken transparent, die Knospen scheinen innen dunkler.
Duft: Kräftig, frisch.
Höhe: 150–180 cm
Wuchs: Aufrecht, kräftig, etwa 120 cm breit.

'Félicité Parmentier'

Eine bezaubernde Sorte mit schönem Farbspiel. Die Blütenpracht ist so üppig, dass sie die Zweige zu Boden zieht. Das Laub entfaltet sich graugrün bis gelblich grün. Der Strauch ist sehr frosthart, für eine Alba-Rose

Blüte: Lachsrosa. Becherförmig, halbgefüllt mit sichtbaren Staubgefäßen; in Büscheln.
Duft: Intensiv, würzig, myrrheähnlich.
Höhe: 150 cm
Wuchs: Kräftig, überhängend, 120 cm breit.

'Blush Hip'

Viele Liebhaber halten sie für die schönste Alba-Rose. Das farbliche Zusammenspiel von Knospen und Blüten berauscht. Der Strauch ist weitgehend winterhart und mit großen, gezähnten Blättern belaubt. Eignet sich auch zum Beranken von Gerüsten.
Ursprung: England, 1840.
Blüte: Zartrosa bis weiß, lila schattiert. Sehr dicht gefüllt,

mittelgroß, flach; in Büscheln. Knospen kirschrosa.
Duft: Intensiv, herb.
Höhe: 250–300 cm
Wuchs: Sehr starkwüchsig, überhängend, auch kletternd.

'Celestial' (Syn.: 'Celeste')

Ihr Name bedeutet »himmlisch« und verspricht nicht zu viel, denn sie gehört zu den Schönsten ihrer Klasse. Graugrünes Laub harmoniert gut mit der hellen, zarten Blüte und den außergewöhnlich dekorativen Knospen. Trotz des fragilen Flairs ist der Strauch sehr frosthart und widerstandsfähig. Er verträgt auch Halbschatten.
Ursprung: Seit circa 1759 in Kultur.

'Celestial'

'Félicité Parmentier'

'Maiden's Blush'

relativ klein und daher gut reihenhausgartentauglich.
Ursprung/Züchter: Parmentier, Belgien, 1834 oder 1836.
Blüte: Knospen elfenbeinfarben, Blüte fleischfarben-rosé, später am Rand aufhellend gelb bis weiß, sehr dicht gefüllt. Ballförmige Blüten, sehr reich blühend.
Duft: Sehr intensiv.
Höhe: 120–150 cm
Wuchs: Kräftig, buschig, Triebe überhängend, etwa 120 cm breit.

'Königin von Dänemark' (Syn.: 'Naissance de Venus')

Diese makellose Schönheit trägt nicht zufällig den Beinamen 'Geburt der Venus'. Sie gehört zu den besten Alten Rosen. Es handelt sich um einen Sämling von 'Maiden's Blush'. Sie erhielt ihren Namen zu Ehren von Marie Sophie Friederike, der Gattin von Friedrich VI. von Dänemark. Der Strauch trägt schönes, gesundes graugrünes Laub und wächst auch noch bei schlechten Bedingungen gut. Er ist sehr frosthart. Bild siehe Seiten 6 und 16 o.
Ursprung/Züchter: James Booth, ein gebürtiger Schotte, kreierte die Sorte 1816 in Flottbek, im Bezirk Altona (nahe Hamburg), das lange Zeit dänisches Hoheitsgebiet war.
Blüte: Rosa, in der Mitte dunkler, heller am Rand. Mittelgroße, stark gefüllte, flache Schalen, die im Zentrum schön geviertelt sind. Leuchtend karminrote Knospen.
Duft: Fruchtig, lieblich.
Höhe: 150 cm
Wuchs: Kräftig, locker, bis 120 cm breit.

'Maiden's Blush' (Syn.: 'Cuisse de Nymphe')

Ein Klassiker unter den Alten Rosen. Sie zierte früher viele Klostergärten. Der Strauch ist von elegantem Wuchs und trägt wenig Stacheln. Eine problemlose, robuste, pflegeleichte und frostharte Sorte, die nicht nur gut in Bauerngärten passt.
Ursprung: Vor 1629, evtl. schon vor 1500, über die genaue Herkunft gibt es unterschiedliche Meinungen.
Blüte: Zartrosa, am Rand cremeweiß; mittelgroß, bildet locker gefüllte, flache Schalen, die in Büscheln stehen.
Duft: Intensiv, süß.
Höhe: 150 cm
Wuchs: Stark, teils überhängend unter der Blütenlast, 120 cm breit.

'Maxima'

'Maxima'
(Syn.: 'Great Double White')
Jakobitenrose

Diese prachtvolle, sehr alte und traditionsreiche Sorte erhielt ihren Namen zu Ehren von König Maximilian II. von Bayern. Der Strauch ist eine sehr stattliche Erscheinung, Gesundheit, Robustheit und Winterhärte gehören zu seinen Stärken. Er gab den Bauerngärten vergangener Jahrhunderte mit seinen üppig gefüllten Blüten den typischen Zauber. Kommt vor Mauern oder Zäunen gut zur Geltung. Das graugrüne Laub bildet einen hübschen Hintergrund für Stauden.
Ursprung: Um 1450. Einige Fachleute vermuten, dass sie sogar schon im alten Rom bekannt war.
Blüte: Rahmweiß, im Aufblühen mit rosa Hauch. Groß, rundlich, locker, aber voll gefüllt.
Duft: Intensiv, süß.
Höhe: 200 cm
Wuchs: Stark, kräftig und dicht.

'Mme Legras de St. Germain'

Weiße Blütenbüschel über graugrünem Laub verleihen ihr romantische Ausstrahlung. Die Triebe sind fast ohne Stacheln. Frosthart.
Ursprung: Herkunft unbekannt, eingeführt 1846.
Blüte: Elfenbeinweiß mit gelbem Schimmer in der Mitte, aufgeblüht reinweiß. Die großen, dicht gefüllten Blütenschalen werden zuletzt flach. Sie erscheinen in Büscheln.
Duft: Zart.
Höhe: 150–180 cm
Wuchs: Aufrecht, 120 breit.

'Mme Plantier'

Eine berühmte Sorte mit schlanken, fast unbewehrten Trieben. Sie tragen kleines, helles, graugrünes bis olivgrünes Laub. Die Sorte ist pflegeleicht, langlebig und vielseitig verwendbar. Außerdem zeichnet sie sich durch eine außergewöhnliche Frosthärte aus. Sie lässt sich sehr gut an Rosenbögen oder Kletterhilfen ziehen.
Ursprung/Züchter: Plantier, Frankreich 1835.
Blüte: Rahmweiß mit cremefarbener Mitte, später reinweiß. Rosen mittelgroß, stark gefüllt, in Büscheln. Reich blühend.
Duft: Intensiv
Höhe: 200–300 cm
Wuchs: Stark, überhängend.

'Pompon Blanc Parfait'

Eine stachelige Schönheit, die wochenlang blüht und eine weitere äußerst frostharte Alba-

'Pompon Blanc Parfait'

'Semiplena'

Rose. Sie eignet sich gut für Rabatten.
Ursprung/Züchter: Verdier, Frankreich, 1876.
Blüte: Fleischrosa, später weiß. Mittelgroße, dicht gefüllte Rosetten stehen in Büscheln, die Knospen sind rund und zierlich.
Duft: Zart.
Höhe: 120–150 cm
Wuchs: Kräftig, buschig aufrecht, leicht überhängende Zweige.

'Semiplena'

Eine sehr alte und bewährte Sorte mit langer Blütezeit. Im Herbst schmückt sie sich mit hübschen Hagebutten. Eine gute Bauerngartenrose, die leider etwas anfällig für Rosenrost ist.
Ursprung: 16. Jahrhundert, evtl. schon im alten Rom.
Blüte: Milchweiß, mittelgroß und nur leicht gefüllt. Die gelben Staubgefäße bleiben sichtbar.
Duft: Intensiv, süß.
Höhe: 200–300 cm
Wuchs: Sehr stark.

'Suaveolens'
(Syn.: 'Nivea', 'White Rose of York')

Der Name dieser altüberlieferten Sorte bedeutet »lieblich Duftende«. Sie wurde in Bulgarien auch zur Ölgewinnung verwendet. Der Strauch entwickelt eine stattliche Gestalt, braucht viel Platz und bildet viele hübsche, längliche Hagebutten.
Ursprung: Vor 1750 in Kultur.
Blüte: Milchweiß, mittelgroß. Halbgefüllt (etwas stärker als 'Semiplena'), lässt die Staubgefäße noch weitgehend erkennen. Reich blühend.
Duft: Intensiv süß.
Höhe: 200 cm
Wuchs: Sehr kräftig, teilweise überhängend.

Damaszenerrosen

'Celsiana'

Eine Rose, die seit einem Vierteljahrhundert begeistert. Sie wurde nach einem ehemals berühmten Pariser Gärtner Namens Cels benannt. Die seidige Blüte passt gut ins graugrüne Laub.
Ursprung: Vor 1750.
Blüte: Seidig rosa; sehr groß und sehr locker gefüllt. Nicken leicht.
Duft: Zart.
Höhe: 130–150 cm
Wuchs: Leicht überhängend, 120 cm breit.

'Gloire de Guilan'

Die Sorte soll in der persischen Provinz Guilan, am Kaspischen Meer, als Ölrose angebaut worden sein. Sie blüht früher als andere Damaszenerrosen. Im Herbst erscheinen noch einmal vereinzelte Blüten.
Ursprung: Entdeckt im Iran 1949 von Nancy Lindsay.
Blüte: Rein rosa; groß, flach, dicht gefüllt mit reich gefältelten Blütenblättern.
Duft: Intensiv.
Höhe: 120 cm
Wuchs: Locker, 120 cm breit.

'Celsiana'

Duft: Verschwenderisch kräftig.
Höhe: 150 cm
Wuchs: Stark, breit überhän-
gend, etwa 120 cm breit.

'Leda'
(Syn.: 'Painted Damask')

Der Sage nach fand Göttervater
Zeus Gefallen an Leda, der
außergewöhnlich schönen
Königin von Sparta, und ver-
führte sie in Gestalt eines
Schwans. Kein Wunder, dass
diese Sorte, schön wie Milch
und Blut, ihren Namen trägt.
Ihre Wirkung lebt vom Kontrast
der hellen Blüten über sehr

'Hebe's Lip'

Ein robuster, frostharter, stark
bestachelter Strauch mit umso
zarterem Blütenschmuck. Der
Name geht auf die griechische
Göttin der Jugend zurück. Die
Sorte mit den halbgefüllten
Blüten passt gut in naturnahe
Gärten.
Ursprung: Eingeführt von Paul,
Großbritannien, 1912.
Blüte: Cremeweiß mit karmin-
rosa Spitzen, klein, halbgefüllt,
schalenförmig.
Duft: Zart.
Höhe: 120 cm
Wuchs: Gedrungen, 120 cm
breit.

'Ispahan'
(Syn.: 'Pompon des Princes',
'Rose d' Ispahan')

Möglicherweise kommt diese
Sorte aus der persischen Stadt
Ispahan, die für ihre Gärten
und Rosen berühmt ist. Sie
blüht früh und gehört zu den
Alten Rosen mit der längsten
Blütezeit: Volle sechs Wochen
lang treibt sie eine Unzahl von
Rosen, die sich auch gut für
die Vase eignen. Bild siehe
Seite 16 u.
Ursprung: Vor 1832 in Kultur.
Blüte: Seidig rosa, in der Mitte
dunkler, mittelgroß, dicht ge-
füllt, in Büscheln.

'Hebe's Lip'

'Leda'

dunklem Laub und Holz. Sie blüht im Herbst nach.
Ursprung: Vor 1827 in Kultur.
Blüte: Milchweiß, äußere Blütenblätter mit karminrotem Rand. Mittelgroß, ballförmig gefüllt.
Duft: Sehr intensiv.
Höhe: 100–150 cm
Wuchs: Breit, reich verzweigt.

'Marie Louise'

Diese großlaubige, einmalblühende Sorte soll im Rosengarten der Kaiserin Joséphine entstanden sein. Die dunklen, weichen Triebe biegen sich unter der Blütenlast, besonders nach Regen bis zum Boden. 'Marie Louise' eignet sich auch für die Kübelkultur und für magere Böden.

Ursprung: In Malmaison, Frankreich, 1813.
Blüte: Dunkel karminrosa mit Knopfauge. Außerordentlich groß, öffnet sich zu flachen, üppig gefüllten Schalen. Die Blütenblätter sind gefältelt und gewirbelt, mitunter am Rand leicht durchscheinend.
Duft: Sehr intensiv.
Höhe: 120 cm
Wuchs: Buschig, kompakt, 90 cm breit.

'Mme Hardy'

Manche nennen sie die schönste weiße Rose. Eine sehr gesunde, pflegeleichte, einmal blühende Sorte, die sich auch als Kletterrose eignet und sogar an relativ schattigen Standorten gedeiht. Alexandre Jules Hardy (1786 bis 1876) war einst Direktor des Jardin du Luxembourg, der sich unter seiner Leitung zum berühmtesten Rosengarten seiner Zeit entwickelte. Diese bezaubernde Züchtung widmete er seiner Frau.
Ursprung: Hardy, Frankreich, 1832.
Blüte: Schneeweiß mit kleinem grünem Auge. Dicht gefüllt, schalenförmig, fast tellerflach. Knospen in Büscheln.
Duft: Intensiv, leicht zitronig.
Höhe: 130–180 cm
Wuchs: Kräftig aufrecht, 120 cm breit.

'Mme Hardy'

'Mme Zoetmans'

Eine erstklassige Sorte mit attraktivem Wuchs. Der Strauch ist dicht hellgrün belaubt und blüht nur einmal.
Ursprung/Züchter: Marest, Frankreich, 1830.
Blüte: Fleischrosa, zuletzt weiß mit grünem Auge. Groß mit gut gefüllter, schalenförmiger Mitte, die mitunter geviertelt ist. Die Blüten erscheinen in kleinen Büscheln gut über den Strauch verteilt.
Duft: Zart.
Höhe: 120 cm
Wuchs: Mittelstark, aufrecht, gut verzweigt.

'Omar Khayyam'

Diese einmal blühende Rose mit der ungewöhnlichen Blüte und dem exotischen Namen ist benannt nach einem persischen Dichter. Die Sorte geht zurück auf eine Rose, die auf seinem Grab gestanden haben soll.
Ursprung: Kew Garden, Großbritannien, vermutlich vor 1893.
Blüte: Warm hellrosa; mittelgroß, dicht gefüllt, geviertelte Mitte. Sie ähneln Chrysanthemen.
Duft: Sehr intensiv, kräftig.
Höhe: 100–150 cm
Wuchs: Buschig, 75 cm breit.

'Rose de Resht'

Eine sehr schöne Rose, über deren Vergangenheit viel gerätselt wird. Mitunter wird sie auch den Portlandrosen zugerechnet. Sie ist robust und pflegeleicht, eignet sich hervorragend für Anfänger und kleine Gärten. Kurze Blütenstiele lassen die Blumen dicht über dem Laub sitzen. Die Pflanze ist frosthart und öfter blühend bis zum Herbst. Sie ist ausgesprochen vielseitig verwendbar. Unter anderem bildet sie attraktive niedrige Hecken. Sehr empfehlenswert!
Ursprung: Um 1950 aus Persien eingeführt, dort vermutlich schon vor 1880 in Kultur.
Blüte: Hell purpurrot, im Verblühen lila. Kleine, aber äußerst dicht gefüllte Rosetten mit teilweise geviertelter Mitte.
Duft: Sehr intensiv.
Höhe: 100 cm
Wuchs: Aufrecht, gedrungen, 75 cm breit.

'Trigintipetala'
Rose von Kasanlik, Bulgarische Ölrose

Diese einmal blühende Rose diente der Rosenölgewinnung in Bulgarien. Sie bevorzugt frostgeschützte Plätze, gedeiht aber

'Mme Zoetmans'

'Rose de Resht'

'York and Lancaster'

auch im Halbschatten. In strengen Wintern friert sie zurück.
Ursprung: 1689 erstmals erwähnt.
Blüte: Rosa, mittelgroß, halbgefüllt mit sehr seidigen Blütenblättern.
Duft: Außerordentlich intensiv.
Höhe: 200 cm
Wuchs: Kräftig, leicht auseinander fallend.

'York and Lancaster'
(Syn.: *R.* × *damascena* 'Versicolor')

Der Legende nach hängt ihr Name mit den Rosenkriegen zusammen. Das Haus York (im Wappen eine weiße Rose) lag im Streit um Englands Krone mit dem Hause Lancaster (eine rote Rose im Wappen). Nach langen Kriegsjahren endete der Zwist damit, dass Heinrich VII., ein Tudor, den Thron bestieg. Er war mit beiden Häusern verbunden. Sein Sohn nahm zum Zeichen dieser Verbindung die rot-weiße 'Versicolor' in sein Wappen auf und gab ihr so einen neuen Namen. Die Sorte wird häufig mit der 'Rosa mundi' (*R. gallica* 'Versicolor') verwechselt. Der Strauch blüht einmal, aber sehr reich und braucht gute Erde.
Ursprung: Seit 1551 bekannt.
Blüte: Rosa, karmin und weiß gefleckt, teilweise auch ganz weiß oder ganz rosa. Halbgefüllt, reich blühend.
Duft: Intensiv, kräftig.
Höhe: 100–150 cm
Wuchs: Buschig, elegant, 150 cm breit.

Zentifolien

'Blanchefleur'

Eine früh blühende Sorte. Die Blätter sind auffallend hellgrün. Lässt sich gut mit anderen Ziersträuchern vergesellschaften.
Ursprung/Züchter: Vibert, Frankreich, 1835.
Blüte: Weiß mit zartrosa Mitte. Mittelgroß, sehr dicht gefüllt, anfangs kugelig, später schalenförmig. Reich blühend.

Duft: Kräftig.
Höhe: 125 cm
Wuchs: Kräftig, 90 cm breit.

'Cristata'
(Syn.: 'Chapeau de Napoléon', 'Crested Moss')

Die Kelchblätter sind vergrößert und tragen Blattauswüchse, die die runden Knospen umrahmen und einen Dreispitz formen. Das brachte der Sorte den Beinamen »Napoleonshut« ein. Mit den stark gefüllten Blüten eine typische Zentifolie. Leider reagiert sie etwas regenempfindlich, ist sonst aber sehr robust und pflegeleicht.

'Cristata'

'De Meaux'

Ursprung: Herkunft nicht ganz geklärt, seit Anfang des 19. Jahrhunderts bekannt.
Blüte: Silbrig rosa; sehr groß und überaus dicht gefüllt.
Duft: Intensiv, harzig.
Höhe: 150 cm
Wuchs: Breit, ausladend, leicht auseinander fallend, 120 breit.

'De Meaux'
(Syn.: 'Rose de Meaux')

Eine früh blühende, zierliche Miniatur-Zentifolie, sowohl was Blüte, als auch was Laub und Wuchs anbelangt. Eignet sich wunderbar für Töpfe, den Vordergrund von Beeten oder niedrige Hecken. Wurde im Garten des Bischofs von de Meaux entdeckt.
Ursprung: Vor 1789 eingeführt, Herkunft unbekannt.
Blüte: Zart rosa, klein, gefüllt, pomponartig.
Duft: Zart.
Höhe: 80 cm
Wuchs: Dicht verzweigt, niedrig, 80 cm breit.

'Fantin Latour'

Dieser Findling machte Karriere und gehört zu den Klassikern im Sortiment Alter Rosen! Die edlen Blüten sind von aristokratischer Ausstrahlung. Der Sortenname erinnert an einen französischen Blumenmaler gleichen Namens. 'Fantin Latour' eignet sich auch hervorragend zum Beranken von Säulen. In voller Sonne verblassen die Blumen leicht! Bild siehe Seite 17.
Ursprung: Herkunft unbekannt.
Blüte: Zartrosa, im Zentrum dunkler. Groß, rund, becher- bis schalenförmig. Die Mitte ist dicht gefüllt und geviertelt.
Duft: Sehr intensiv.
Höhe: 150 cm, als Kletterrose 300 cm.
Wuchs: Stattlich, rundbuschig, 120 cm breit.

'Petite de Hollande'
(Syn.: 'Pompon des Dames',
R. × *centifolia* 'Minor')

Ein zierlicher Strauch mit wenig Platzanspruch. Er wächst kompakt, aber schlank und eignet sich dadurch auch für die Kübelkultur.
Ursprung: In Holland vor 1800 in Kultur.
Blüte: Rosa, in der Mitte dunkler. Klein, zunächst kugelig, später flach, gefüllt. Blüht in Büscheln.
Duft: Intensiv.
Höhe: 100–120 cm
Wuchs: Gedrungen, kompakt, schmal.

'Rose des Peintres'

'Pompon de Bourgogne' (Syn.: 'Burgunderröschen')

Ein zauberhaftes Röschen, das mit seinem zierlichen Wuchs etwas aus dem Rahmen fällt. Es besticht mit filigranem, dunklem Laub. Die Sorte ist sehr schnittverträglich und eignet sich daher gut für niedrige Hecken. Der »Zwerg« passt aber auch gut in Beete oder Kübel.
Ursprung: Gefunden in Dijon, Frankreich, vor 1836.
Blüte: Zartrosa, klein, gefüllt, flach.
Duft: Intensiv, würzig.
Höhe: 50–80 cm
Wuchs: Niedrig, zierlich.

'Pompon de Bourgogne'

'Rose des Peintres' (Syn.: *R.* × *centifolia* 'Major', 'Provence-Rose, 'Cabbage Rose')

Ihr Name bedeutet »Rose der Maler«, denn unermüdlich portraitierten die Künstler des Mittelalters diese faszinierende Rose, deren Blumen sich auch in der Vase gut machen.
Ursprung: Vermutlich 16. Jahrhundert.
Blüte: Silberrosa; mittelgroß, ballförmig, dicht gefüllt; in Büscheln. Wegen ihrer Schwere nicken sie leicht.
Duft: Kräftig, wildrosenhaft.
Höhe: Bis 200 cm.
Wuchs: Kräftig, breit und stark überhängend.

'Tour de Malakoff'

Das Farbspiel und die papierartigen Blütenblätter machen die Sorte so faszinierend. Der Strauch ist frosthart und bevorzugt Halbschatten.Überwuchert niedrige Mauern.
Ursprung/Züchter: Soupert et Notting, Luxemburg, 1856.
Blüte: Knospen außen lila, im Aufblühen magenta in Schattierungen, mit grünem Auge, später grauviolett bis mauve. Sehr große, locker gefüllte, schalenförmige Rosen.
Duft: Kräftig.
Höhe: 180–200 cm
Wuchs: Stark, aber locker und offen, lange überhängende Triebe.

Moosrosen

'Alfred de Dalmas'
(Syn.: 'Mousseline')

Eine der wenigen remontierenden Moosrosen. Ihre Blüten erscheinen den ganzen Sommer hindurch. Der Strauch ist frosthart und trägt viele dünne Stacheln, die Knospen sind allerdings nur mäßig bemoost. Wegen der kleinen Statur ideal für kleine Gärten.
Ursprung/Züchter: Portemer 1855.
Blüte: Hellrosa bis weiß. Mittelgroß, gut gefüllt, becherförmig.
Duft: Intensiv, süß.
Höhe: 100 cm
Wuchs: Buschig, kompakt.

'Alfred de Dalmas'

'Blanche Moreau'

Gute Duftrose mit harzig-würzigem Geruch und die schönste weiße Moosrose. Dichtes bräunliches Moos hüllt Knospen und Blütenstiele dekorativ ein. Die Sorte schmückt sich mit sehr dunkelgrünem Laub, ein effektvoller Kontrast zur Blüte. Leider ist sie etwas mehltauanfällig, deshalb luftig platzieren, trockene Plätze meiden.
Ursprung: Züchter Moreau und Robert, Frankreich, 1880.
Blüte: Rahmweiß, im Aufblühen in der Mitte leicht rosa. Mittelgroß, sehr dicht gefüllt, von becherförmiger bis flacher Gestalt.
Duft: Intensiv harzig-würzig.
Höhe: Bis 150 cm.
Wuchs: Elegant, schlank aufrecht, 120 cm breit.

'Comtesse de Murinais'

Dunkle Knospen, umgeben von attraktiven, langen Kelchblättern, harmonieren mit den hellen Blüten Ton in Ton. Der schlanke Strauch blüht in der Regel als Erster unter den Moosrosen. Er trägt hellgrünes Laub.
Ursprung/Züchter: Vibert, Frankreich, 1843.
Blüte: Blassrosa, voll aufgeblüht fast cremeweiß. Rosen groß,

'Général Kléber'

sehr dicht gefüllt, reich gefältelt und oft geviertelt, von flacher Form, Knospen dunkelrosa.
Duft: Intensiv, süß und balsamisch.
Höhe: 150–180 cm
Wuchs: Kräftig, schlank, teilweise überhängende Blütentriebe, 120 cm breit.

'Général Kléber'

Eine der schönsten Moosrosen! Benannt ist diese feminine Rose, etwas unpassend, nach einen General Napoléons, der im Ägyptenfeldzug kämpfte. Ihre stark bemoosten Knospen wirken im hellen Laub sehr dekorativ.

'Marie de Blois'

Ursprung/Züchter: Robert,
Frankreich, 1856.
Blüte: Perlmuttrosa, im Ver-
blühen weiß. Groß, gefüllt,
flach.
Duft: Für eine Moosrose eher
zart.
Höhe: 130–150 cm
Wuchs: Kräftig, leicht über-
hängend, 100 cm breit.

'Goethe'

Mit ihren untypisch winzigen
Blüten eine höchst eigenwillige
und interessante Erscheinung.
Die Knospen tragen einen dichten Moos-Pelz. Auffallend ist die
sehr intensive rotbraune Färbung
der Triebe und Stacheln, die
unter kleinblättrigem, blaugrü-

'Goethe'

nem Laub hervorleuchtet. Passt
gut in Wildstauden-Pflanzungen.
Ursprung/Züchter: Lambert,
Deutschland, 1911.
Blüte: Magenta-rosa, mit hellem
Zentrum und gelben Staubge-
fäßen. Einfach. Die Rosen sind
nur daumennagelgroß, erschei-
nen aber sehr zahlreich.
Duft: –
Höhe: 150–170 cm
Wuchs: Sehr kräftig und buschig,
halbrankend.

'Maréchal Davoust'

Auch ihr Namensgeber kämpfte
in Napoleons Armee. Die farbenprächtige Sorte trägt dunkle,
spitzige Blätter und dicht bräunlich bemooste Knospen. Sie ist
sehr frosthart.

Ursprung/Züchter: Robert,
Frankreich, 1853.
Blüte: Zunächst karminrosa,
später mit lila bis violetten
Schattierungen. Groß, stark
gefüllt, ballförmig. In Büscheln;
reich blühend.
Duft: Intensiv.
Höhe: 150 cm
Wuchs: Aufrecht bis leicht über-
hängend, 120 cm breit.

'Marie de Blois'

Eine sehr gesunde Sorte. Knospen und junge Triebe überzieht
rötliches Moos. Sie blüht zuverlässig und lange, im Herbst
sogar noch einmal. Der zweite
Flor fällt allerdings spärlicher
aus. Die Rosen eignen sich auch
gut für die Vase.

Ursprung/Züchter: Robert, Frankreich, 1852.
Blüte: Rosa, später mit lila Schimmer. Sehr groß, gefüllt, kugelig, später polsterförmig. Reich blühend.
Duft: Intensiv.
Höhe: 150 cm
Wuchs: Kräftig.

'Muscosa'
(Syn.: 'Old Pink Moss')

Die Ur-Moosrose. Sie entstand aus einer Knospenmutation der *R. × centifolia* und ist nach wie vor eine der Schönsten ihrer Klasse! Blütenstiele, Kelchblätter und Knospen sind stark und filigran bemoost, mehr als bei jeder anderen Sorte. Leider sind die Rosen wegen der starken Füllung etwas regenempfindlich. Bei Nässe verkleben die Blütenblätter leicht. Überhaupt liebt 'Muscosa' trockene, warme Witterung. Bild siehe Seite 18 o.
Ursprung: Holland, Ende des 17. Jahrhunderts.
Blüte: Intensiv rosa. Groß, reich gefüllt, erst kugelförmig, später flach.
Duft: Intensiv süß, fruchtig und harzig.
Höhe: 150 cm
Wuchs: Kräftig, aber graziös, etwas hängend, 120 cm breit.

'Nuits de Young'
(Syn.: 'Old Black')

Einer der berühmten Klassiker unter den alten Sorten! Wie in ihrem Synonym zum Ausdruck kommt, gehört diese Sorte zu den dunkelsten und ältesten »Schwarzrosen«. Das Blattwerk ist klein und tiefgrün mit einem bronzefarbenen Schimmer.
Ursprung: Laffay, Frankreich, 1845.
Blüte: Dunkelrot bis violettbraun. Mittelgroße, gefüllte, samtige Rosetten lassen die gelben Staubgefäße hervorspitzen.
Duft: Intensiv.
Höhe: 100–120 cm
Wuchs: Buschig, locker, etwa 90 cm breit.

'Soupert et Notting'

Eine mehrmals blühende Sorte von kleinem Wuchs und eine echte Empfehlung für kleine Gärten. Der Strauch passt gut in den Vordergrund von Rabatten und in gemischte Pflanzungen.
Ursprung: Eingeführt von Pernet Père, Frankreich, 1874.
Blüte: Kräftig rosa, lila überhaucht. Dicht gefüllt, schalenförmig.
Duft: Sehr intensiv.

'Nuits de Young'

Höhe: 100 cm
Wuchs: Buschig, kompakt, 70 cm breit.

'William Lobb'
(Syn.: 'Duchesse d'Istrie')

Als ausgesprochen stattliche Erscheinung braucht diese wüchsige und robuste Sorte viel Platz. Sie passt gut in die hintere Rabattenreihe, an einen hohen Gartenzaun oder sollte sich an eine Pergola, einen Rosenbogen oder andere Klettergerüste anlehnen können. Die Blüten sitzen dicht auf grün bemoosten Stielen und Kelchen.
Ursprung/Züchter: Laffay, Frankreich, 1855.

Blüte: Im Aufblühen karmin und purpur, später grauviolett. Groß, gefüllt, schalenförmig.
Duft: Intensiv.
Höhe: 200 cm und mehr.
Wuchs: Sehr stark, Triebe überhängend, bis 180 cm breit, Stütze empfehlenswert.

Chinarosen

'Hermosa'
(Syn.: 'Armosa')

Diese graziöse Sorte ist für eine Chinarose relativ gut frosthart, dennoch empfiehlt sich ein Winterschutz. Sie fühlt sich im Topf

'Mutabilis'

wohl, macht sich aber auch gut in Gruppen zu mindestens drei Pflanzen sowie einzeln im Vordergrund von gemischten Beeten.
Ursprung/Züchter: Marcheseau, Frankreich, 1840.
Blüte: Zartes Lilarosa mit silbrigbläulichem Schein. Mittelgroß, zunächst kugelig, später locker gefüllte Schalen; in Büscheln.
Duft: Kräftig.
Höhe: 60–90 cm
Wuchs: Mittelstark, zierlich, dünntriebig, aber insgesamt buschig, bis 90 cm breit.

'Little White Pet'
(Syn.: 'Belle de Teheran')

Sie gilt als eine der dankbarsten unter den kleinwüchsigen Alten Rosen. Der Strauch blüht ununterbrochen die ganze Saison über und ist gut winterhart. Das dunkelgrüne, glänzende Laub ist sehr widerstandsfähig und gesund. Diese aparte Sorte gibt schöne Hochstämmchen oder Einfassungen ab und eignet sich hervorragend für die Balkonbepflanzung. Bild siehe Seite 18 u.
Ursprung: Züchter Henderson, Großbritannien, 1879.
Blüte: Cremeweiß; klein, dicht gefüllt, in Büscheln. Knospen tiefrosa.

Duft: Zart, herb, myrrheähnlich.
Höhe: 30–50 cm
Wuchs: Breitbuschig.

'Mutabilis'
(Syn.: möglicherweise identisch mit 'Tipo Ideale')

Mit ihrem wechselnden Farbspiel ein echter Harlekin im Beet! Jeden Tag sieht dieser Strauch anders aus, und das während des ganzen Sommers, denn er blüht ununterbrochen bis zum ersten Frost. Purpurrote Jungtriebe, Knospen und Stacheln sowie kupferfarbenes Laub ergänzen den bunten Auftritt. Die Sorte ist gesund und dankbar, braucht im Winter allerdings Schutz vor Frösten und einen geschützten Standort. Sie kann auch als Kletterrose verwendet werden.
Ursprung: Schweiz/Italien, seit 1932 in Kultur genommen, genaue Herkunft unbekannt.
Blüte: Im Aufgehen zartgelb, am zweiten Tag innen lachs- bis kupferfarben, später in dunkles Karminrot übergehend. Die Rosen sind einfach, schalenförmig und mittelgroß.
Duft: Schwach.
Höhe: 100–200 cm, als Kletterrose bis 300 cm.
Wuchs: Schlank, locker und licht aufrecht.

'Perle d'Or'

'Old Blush'
(Syn.: 'Parson's Pink China', 'Monthly Rose')

Eine der wichtigsten und Geschichte schreibenden Sorten. Sie erreichte als erste Chinarose Europa und veränderte die Rosenwelt. Deshalb ein Muss für Sammler und Liebhaber. Die älteste Darstellung dieser Sorte, die bis heute nichts von ihrer Anziehungskraft verloren hat, fand man in China. 'Old Blush' wird auf das Jahr 1000 datiert. Sie blüht mitunter bis in den Dezember hinein, man sollte ihr jedoch etwas Winterschutz geben. Leider ist sie anfällig für Blattkrankheiten. Geeignet für niedrige Hecken und für die Kübelkultur.
Ursprung: Seit 1789 in Europa eingeführt.
Blüte: Hellrosa, später nachdunkelnd. Mittelgroß, halbgefüllt in großen Ständen.
Duft: Zart, wickenähnlich.
Höhe: 100–150 cm
Wuchs: Mittelstark, dünntriebig, überhängend, 90 cm breit.

'Perle d'Or'

Die zierliche Sorte wurde früher viel als Schnittblume und in Topfkultur verwendet. Sie ist trotz ihrer Zartheit sehr robust und blüht nahezu ununterbrochen, daher taugt sie als Schmuckstück für jedes Gartenbeet.
Ursprung: Züchter Dubreuil, Frankreich, 1884.
Blüte: Gelb mit orangegelber Mitte, im Verblühen rahmgelb. Mittelgroße, gefüllte Rosen, in riesigen Büscheln mit bis zu 30 Einzelblüten.
Duft: Intensiv.
Höhe: 100 cm, in günstigen Lagen auch bis 250 cm kletternd.
Wuchs: Aufrecht, kräftig, langtriebig.

'Sophie's Perpetual'

Die durchscheinenden Blüten und der elegante Wuchs machen diese winterharte, wenig bestachelte Rose zu einer Bereicherung jedes Gartens.
Ursprung: Herkunft unbekannt.
Blüte: Hell-karminrosa, im Abblühen weinrot überhaucht, sehr transparent. Groß, gefüllt, kugelförmig.
Duft: Zart.
Höhe: 180 cm
Wuchs: Langtriebig, 120 cm breit, auch gut zum Beranken von Säulen.

'Comte de Chambord'

'Viridiflora'
Grüne Rose, Büschelblütige Rose

Eine Grille der Natur: Die »Rosen« setzen sich aus gänzlich grünen, schmalen, am Rande gefransten Blütenblättern zusammen. Nimmt man es botanisch genau, sind es eigentlich Hochblätter, so genannte Brakteen, die sich aus normalen Laubblättern gebildet haben. Sie täuschen eine Blüte in Wahrheit nur vor, geben aber dennoch einen dekorativen Schmuck ab, auch für die Vase.

Sie erweisen sich als äußerst haltbar, setzen jedoch keine Hagebutten an. Die Pflanze ist krankheitsfest, pflegeleicht und fühlt sich auch noch auf nährstoffarmen Böden wohl.
Ursprung: In den USA seit 1833 bekannt.
Blüte: Grün, im Verblühen bronze-violett, gefüllt, mit gefransten Rändern, in Büscheln.
Duft: Schwach, würzig.
Höhe: 60–80 cm
Wuchs: Buschig, aufrecht, 90 cm breit.

'Viridiflora'

Portlandrosen

'Arthur de Sansal'

Diese dicht belaubte Sorte bildet einen hübschen, gut verzweigten, kompakten Strauch, der den ganzen Sommer lang blüht. Schon die dicken Knospen sind dekorativ.
Ursprung/Züchter: Cartier, Frankreich, 1855.
Blüte: Karminrot, purpur schattiert, im Verblühen violett. Mittelgroß, dicht gefüllt, flach rosettenförmig.
Duft: Intensiv.
Höhe: 100 cm
Wuchs: Aufrecht, kompakt, 70 cm breit.

'Comte de Chambord'

Eine äußerst attraktive, gut nachblühende Sorte. Die Triebe tragen dekorative hellgrüne Blätter. 'Comte de Chambord' gehört zu den schönsten Rosen dieser Klasse! Häufig wird sie mit 'Mme Boll' in einen Topf geworfen, es handelt sich jedoch um zwei verschiedene Rosen. Diese Sorte ist nach dem verbannten französischen Thronfolger benannt, der ab 1844 diesen Namen trug.
Ursprung/Züchter: Moreau und Robert, Frankreich um 1860.
Blüte: Kräftig rosa, am Rand hellere Tönung. Groß, sehr dicht gefüllt und in der Mitte oft ge-

viertelt. Die Rosen sind zunächst becherförmig, flachen später ab. Die äußeren Blütenblätter rollen zurück.
Duft: Sehr intensiv, süß.
Höhe: 120 cm
Wuchs: Kräftig, steif aufrecht, 90 cm breit.

'Jacques Cartier'

Diese Rose gehört nicht umsonst zu den Berühmtheiten. Ob sie nun dem Entdecker Kanadas gewidmet ist oder dem Hobby-Rosenzüchter gleichen Namens, bleibt unklar. Ebenso sind sich die Experten uneins darüber, zu welcher Klasse sie gehört. In manchen Katalogen taucht sie als Damaszenerrose auf. Jedenfalls verfügt diese erstklassige Sorte über gesundes, dichtes, dunkles Laub, das die Knospen fast verdeckt. Ab August setzt ein reichlicher Herbstflor ein. In praller Sonne verblassen die Blüten etwas. Bild siehe Seite 19.
Ursprung/Züchter: Moreau et Robert, Frankreich, 1868.
Blüte: Intensiv rosa, im Verblühen heller. Groß, sehr dicht gefüllt mit geviertelter Mitte; reich blühend.
Duft: Sehr intensiv.
Höhe: 100–150 cm
Wuchs: Aufrecht.

'Mme Boll'

'Marbrée'

Auch 'Marbrée' gehört zu den Harlekinen im Beet. Die marmoriert blühende Sorte remontiert im Herbst und wird gern von Bienen besucht. Eine hübsche Rabatten- und Heckenrose mit rundlichem, dunkelgrünem Laub.
Ursprung/Züchter: Moreau et Robert, Frankreich, 1858.
Blüte: Dunkelrosa mit hellerer Maserung und sichtbaren gelben Staubgefäßen. In Büscheln. Sie ist groß, halbgefüllt, flach tellerförmig.
Duft: Zart.
Höhe: 100–120 cm
Wuchs: Aufrecht, schmal, 90 cm breit.

'Mme Boll'

'Mme Boll' wird zu Recht häufig als die beste Portlandrose bezeichnet! Ihre zauberhaften Blüten erscheinen reichlich und remontieren ausdauernd bis zum ersten Frost. Das Laub besteht aus großen, hellgrünen Blättern. Am schönsten wirkt die Sorte als Solitär oder in kleinen Gruppen, sie harmoniert aber auch gut mit Stauden. Sie wird oft fälschlicherweise als 'Comte de Chambord' geführt.
Ursprung/Züchter: Boll, USA, verbreitet seit 1859/60 durch Boyau, Frankreich.
Blüte: Rosa, fliederfarben überhaucht. Sehr groß, flach, dicht gefüllt, im Zentrum geviertelt.

'Mme Knorr'

blüte im Herbst viel Aufsehen. Der kleine Strauch ist dicht belaubt und weitgehend frosthart. Er passt in jedes Beet und besonders in naturnahe Gärten. Da er gern Ausläufer treibt, bildet er schöne Hecken, eignet sich aber auch gut für die Topfkultur.
Ursprung: Mitte bis Ende des 18. Jahrhunderts.
Blüte: Leuchtend scharlachrot mit goldgelben Staubgefäßen. Groß, halbgefüllt, becherförmig.
Duft: Intensiv.
Höhe: 80–100 cm
Wuchs: Niedrig, gedrungen, buschig, 90 breit.

Duft: Sehr intensiv, süß.
Höhe: 100–140 cm
Wuchs: Aufrecht, rundbuschig, stämmig.

'Mme Knorr'

Der Inbegriff einer Alten Rose! Sowohl die Blüten als auch der Duft strahlen den typisch nostalgischen Charme Alter Rosen aus. 'Mme Knorr' hüllt ihre Umgebung in herrlichen Duft. Der Strauch remontiert gut und gedeiht auch noch auf mageren Böden. Bildet dekorative Hecken.

Ursprung/Züchter: Verdier, Frankreich, 1855.
Blüte: Rosa, in der Mitte dunkler. Groß und gefüllt, reich blühend.
Duft: Sehr intensiv.
Höhe: 100–140 cm
Wuchs: Breit, gedrungen.

'Portlandica'
(Syn.: 'The Portland', 'Portland-rose', 'Duchesse of Portland')

Dies ist die Stammform der Portlandrosen. Sie wurde nach der zweiten Herzogin von Portland benannt und erregte zu ihrer Zeit durch die Eigenschaft der Nach-

'Rose du Roi'
(Syn.: 'Rose Lelieur')

Die »Königsrose« ist eine berühmte und dankbare Sorte. Sie wird mitunter auch als erste Remontant-Rose eingestuft, da es vor ihr keine winterharte, remontierende, gefüllte rot blühende Sorte gab.
Ursprung/Züchter: Escoffey, Frankreich, 1819, verbreitet von Souchet.
Blüte: Karminrot bis rot. Groß, wuschelig gefüllt.
Duft: Sehr intensiv.
Höhe: 100–120 cm
Wuchs: Buschig, aufrecht, 75 cm breit.

Bourbon-Rosen

'Boule de Neige'

»Schneeball« heißt diese Sorte und macht ihrem Namen alle Ehre, sobald die festen Knospen sich langsam öffnen. Die Blütenblätter rollen nach außen und geben den Rosen eine runde Form. Der Strauch schmückt sich mit tiefgrünem, glänzendem Laub, das gut mit den weißen Blüten kontrastiert. Am besten gedeiht er im lichten Schatten. Die Sorte blüht im Herbst nach und ist für Winterschutz dankbar. Eine gute Ra-

'Boule de Neige'

batten- und Heckenrose, die aber auch im Kübel leben kann.
Ursprung/Züchter: Lacharme, Frankreich, 1867.
Blüte: Seidig rahmweiß, Rand der Blütenblätter oft rosa. Ballförmig und prächtig voll gefüllt, kamelienähnlich.
Duft: Sehr intensiv.
Höhe: 150 cm
Wuchs: Aufrecht, buschig, 90 cm breit.

'Bourbon Queen' (Syn.: 'Queen of Bourbon', 'Souvenir de la Princesse de Lamballe', 'Reine des Iles Bourbon')

Diese bekannte Alte Rose passt mit ihren locker gefüllten Blüten gut in ländliche Gärten. Sie dekoriert auf wirkungsvolle Art Pfeiler und Säulen, bildet aber auch herrlich duftende Hecken. Der Strauch trägt bläulich grünes Laub, ist einmal blühend und gut frosthart.
Ursprung/Züchter: Bréon/ Mauget, Frankreich, 1835.
Blüte: Rosa, in der Mitte purpurn, am Rand heller. Mittelgroß, halbgefüllt bis gefüllt, schalenförmig. Reich blühend.
Duft: Sehr intensiv.
Höhe: 250–300 cm
Wuchs: Stark, locker aufrecht, 150 cm breit.

'Bourbon Queen'

'Commandant Beaurepaire'

Jede einzelne Rose trägt ein anderes Muster! Ein hochinteressanter Strauch mit hellgrünen, langen und spitzen Blättern. Die Pflanze remontiert nur schwach. Sie gedeiht am besten an halbschattigen Standorten und ergibt schöne Hecken.
Ursprung/Züchter: Moreau und Robert, Frankreich, 1874.
Blüte: Hellrosa und purpurrot gestreift mit weißer Marmorierung. Becher- bis kugelförmig, großblumig, gut gefüllt, sehr reich blühend.
Duft: Sehr intensiv.
Höhe: 150 cm
Wuchs: Stark, aufrecht, dicht, bis 120 cm breit.

'Coupe d'Hebe'

'Coupe d'Hebe'

Die »Schale der Hebe« war das Gefäß, mit dem die Göttin der Jugend den Göttern des Olymp den Nektar darbot. Die Blütenform der Sorte war wohl ausschlaggebend für ihren Namen. Die bezaubernden Rosen machen sich auch in der Vase gut. Der Strauch gedeiht selbst im Halbschatten und auf nährstoffarmen Böden, ist aber leider etwas mehltauanfällig.
Ursprung/Züchter: Laffay, Frankreich, 1840.
Blüte: Innen dunkelrosa, außen heller. Mittelgroß, in Büscheln, stark wellig gefüllt, becherförmig, nickend.

Duft: Intensiv, süß.
Höhe: 200 cm
Wuchs: Stark, aufrecht, locker überhängend, kann auch Pfeiler beranken.

'Kronprinzessin Viktoria' (Syn.: 'Gelbe Malmaison')

Bei dieser Sorte handelt es sich um einen Sport (also eine Zufallsmutation) von 'Souvenir de la Malmaison'. Sie ist der ältesten Tochter Queen Victorias gewidmet, die später an der Seite Friedrichs III. deutsche Kaiserin wurde. Sie liebte Rosen und unterstützte den Verein Deutscher Rosenfreunde.

Die Sorte remontiert gut. Der Sommerflor setzt sehr früh ein, der Herbstflor dauert lange an. Eine prima Rose für kleine Gärten.
Ursprung: Entdeckt von Vollert 1886, verbreitet durch Späth (Berlin).
Blüte: Rahmweiß, Mitte schwefelgelb. Groß, stark gefüllt, becherförmig.
Duft: Intensiv, süß.
Höhe: 80–100 cm
Wuchs: Niedrig, Beetrose, etwa so breit wie hoch.

'Louise Odier'

Eine erstklassige Bourbonrose. Die perfekt geformten Blüten erscheinen reichlich, blühen

'Louise Odier'

fast durchgehend den ganzen Sommer lang und ergeben auch einen haltbaren, köstlich duftenden Vasenschmuck. Das hellgrüne, etwas matt wirkende Laub zeigt sich äußerst widerstandsfähig und gesund. Die Sorte erträgt Halbschatten. Als Strauch geschnitten ist sie eine Bereicherung für Rabatten. Als Kletterer berankt sie Säulen und Zäune.

Ursprung/Züchter: Margottin, Frankreich, 1851.

Blüte: Reinrosa mit lila Touch. Groß, schalenförmig, später flach, dicht gefüllt, geviertelt, reich blühend.

Duft: Sehr intensiv.

Höhe: 150–180 cm

Wuchs: Kräftig, buschig überhängend, etwa 120 cm breit.

'Mme Isaac Pereire'

Die größte und kräftigste ihrer Klasse. Nicht umsonst gehört diese remontierende Sorte zu den berühmtesten Alten Rosen überhaupt. Sie schmückt sich mit hinreißend perfekten Blüten in der typisch nostalgischen Form. Die Triebe tragen viele Stacheln und werden passend zum großen Laub sehr stark. Alles in allem eine sehr imposante Erscheinung, die am besten als Solitär wirkt. Sie braucht guten, tiefgründigen Boden und in kühlen Lagen Winterschutz.

Ursprung/Züchter: Garcon, Frankreich, 1881.

Blüte: Leuchtend karminrosa. In Büscheln, sehr groß, schalenförmig und dicht gefüllt mit einem kräftigen Wirbel in der Mitte. Die Blütenblätter rollen am Rande zurück.

Duft: Sehr intensiv, etwas an Himbeeren erinnernd.

Höhe: 170–300 cm

Wuchs: Kräftig aufrecht, lange Triebe, auch als Kletterrose verwendbar, etwa 120 cm breit.

'Mme Lauriol de Barny'

Diese herrliche Gartenrose blüht nur einmal, und zwar zeitig im Frühsommer, gleicht dies jedoch durch Masse wieder aus. Die Pflanze ist auch zum Klettern geeignet und fühlt sich noch im Halbschatten wohl.

Ursprung/Züchter: Trouillard, Frankreich, 1868.

Blüte: Silberrosa. Groß, voll gefüllt, geviertelt, nickend, reich blühend.

Duft: Stark, fruchtig.

Höhe: 160 cm

Wuchs: Kräftig, 150 cm breit, auch als Kletterer verwendbar.

'Mme Pierre Oger'

'Mme Pierre Oger'

Zählt zu den beliebtesten Alten Gartenrosen. Eine Sorte mit besonders zarten, transparenten Blüten, in üppiger Zahl, die einen attraktiven Vasenschmuck abgeben. Im Freien sind sie leider etwas regenempfindlich. Im Spätsommer folgt eine zweiter Flor. Guter Boden und ein luftiger Standort vermindern die vorhandene Mehltau- und Sternrußtauanfälligkeit. Ihr Wuchs prädestiniert sie zum Beranken von Gerüsten.

Ursprung/Züchter: Oger, eingeführt durch Verdier 1878.

Blüte: Silbrig rosa, an den Rändern oft zartlila überhaucht.

'Reine Victoria'

reich. Die legandäre Rosensammlerin kannte diese Sorte
allerdings noch nicht, denn das
Schmuckstück entstand erst einige Jahrzehnte nach ihrem Tod.
Den Strauch dekorieren perfekte
»Alte-Rosen-Blüten« sowie hellgrüne, breitfiedrige Blätter. Er
blüht unermüdlich den ganzen
Sommer hindurch und erweist
sich als winterhart und äußerst
langlebig. Eine hervorragende
Sorte auch für kleine Gärten,
und für viele die schönste
Bourbonrose! Am besten in
den Vordergrund von Rabatten
pflanzen.

Mittelgroß, ballförmig, voll
gefüllt, reich blühend.
Duft: Zart.
Höhe: 150 cm
Wuchs: Schlank aufrecht, überhängend; die dünnen Triebe
brauchen eine Stütze.

'Reine Victoria'
(Syn.: 'La Reine Victoria')

Eine nahezu dauerblühende
Sorte, die nach Königin Victoria
von England benannt wurde.
Zu Recht gehört sie zu den Berühmtheiten ihrer Klasse. Ihre
bezaubernd »altmodischen«
Blüten sind leider nicht ganz
regenfest. Ein luftiger, halb-

schattiger Standort und guter
Boden fördern ihre Gesundheit.
Ursprung/Züchter: Schwartz,
Frankreich, 1872.
Blüte: Altrosa. Mittelgroß, sehr
dicht gefüllt, fast kugelig.
Duft: Intensiv.
Höhe: 150 cm
Wuchs: Schmal aufrecht,
100 cm breit.

'Souvenir de la Malmaison'
(Syn.: 'Queen of Beauty')

Eine Legende unter den Alten
Rosen und bis heute sehr beliebt. Sie trägt den Namen der
berühmten Rosengärten der
Kaiserin Joséphine von Frank-

'Souvenir de la Malmaison'

Ursprung/Züchter: Béluze, Frankreich, 1843.
Blüte: Seidig blassrosa bis crèmeweiß am Rand, die Mitte mitunter gelb angehaucht, groß, flach, in der Mitte geviertelt mit dichten Wirbeln, reich blühend.
Duft: Sehr intensiv, teerosen-artig, fruchtig.
Höhe: 70–90 cm
Wuchs: schwach, buschig niedrig, Beetrose, 70 cm breit.

'Variegata di Bologna'

Ihre interessante Farbgebung lässt diese Rose im Garten und in der Vase gut aussehen! Die Sorte blüht reichlich, remontiert aber nur schwach. Ein luftiger Standort, am besten im Halb-schatten, und gute Ernährung tun ihr gut. Als Kletterrose fühlt sie sich an kühlen Mauern wohl.
Ursprung/Züchter: Bonfiglioli, Italien, 1909.
Blüte: Weiß mit karminroten bis violetten Streifen und Marmo-rierungen. Mittelgroß, dicht ge-füllt und kugelig, in Büscheln, reichblütig.
Duft: Kräftig, süß.
Höhe: 150–200 cm, als Kletter-rose bis 350 cm.
Wuchs: Kräftig, buschig, auf-recht, 120 cm breit.

'Zéphirine Drouhin'

Eine kraftstrotzende, vitale Rose mit langen, stachellosen Trieben und ein hervorragender Kletterer. Sie ist sehr winterhart und ge-deiht auch noch in großen Höhen. Etwas anfällig für Mehltau, ein luftiger Platz, z. B. an einem Rosenbogen, oder eine schattige Mauer zum Beranken, tut ihr deshalb gut. Die Rosen sind re-lativ regenfest. Eine wunderbare öfter blühende Sorte!
Ursprung/Züchter: Bizot, Frank-reich, 1868.
Blüte: Karminrosa bis hellrot. Groß, halbgefüllt, flach schalen-förmig.

'Variegata di Bologna'

Duft: Intensiv.
Höhe: 300–400 cm
Wuchs: Kräftig, Kletterrose, auch als Strauch zu ziehen.

'Zéphirine Drouhin'

'Blush Noisette'

'Zigeunerknabe'
(Syn.: 'Gipsy Boy')

Diese sehr gesunde, frostharte Sorte führte lange Zeit die Sortenhitliste an. Sie blüht einmal und bildet im Herbst große, kugelige, leuchtend rote Hagebutten. Sie eignet sich als Hecke und als Solitär. Bild siehe Seite 20 0.

Ursprung/Züchter: Geschwind, Deutschland, 1909, verbreitet durch Lambert.
Blüte: Dunkelpurpurn bis schwarz- violett. In Büscheln, mittelgroß, gefüllt. Schalen mit rosettigem Muster. Zuletzt blinzeln die gelben Staubgefäße hervor.
Duft: Zart.
Höhe: 180 cm
Wuchs: Sehr kräftig, rundbuschig, gut verzweigt.

Noisette-Rosen

'Blush Noisette'
(Syn.: 'Rosier de Philippe Noisette')

Die Ur-Noisette-Rose, aber noch heute eine wertvolle Sorte. Ihre Blüten erscheinen bis Herbst ununterbrochen. Die Triebe sind fast stachellos, aber reich belaubt. Der Strauch ist winterhart und zuverlässig. Mit ihrem kletternden Wuchs verschönert 'Blush Noisette' Gartenlauben oder Säulen wirkungsvoll, bildet aber auch dichte Hecken.
Ursprung/Züchter: Noisette, Amerika vor 1817.
Blüte: Rosé, im Abblühen weiß, Knospen rosa. Mittelgroß, halbgefüllt, schalenförmig, in Büscheln.

Duft: Kräftig, kleeartig.
Höhe: 150–250 cm als Strauch, bis 450 cm kletternd.
Wuchs: Kräftig, locker überhängend, Rambler.

'Desprez à Fleur Jaune'

Eine hervorragende, starkwüchsige Ramblerrose mit herrlichen Blüten. An einer warmen Wand blüht sie unermüdlich, erobert in geschützten Lagen aber auch Bäume, Bögen und Spaliere.
Ursprung: Eingeführt von Desprez, Frankreich, um 1830.
Blüte: Seidig, hellgelb bis apricot. Groß, flach, dicht gefüllt, geviertelt; in Büscheln.
Duft: Intensiv, etwas an Banane erinnernd.
Höhe: 550 cm
Wuchs: Sehr kräftig, langtriebig, kletternd.

'Gloire de Dijon'
(Syn.: 'Old Glory')

Die Fachwelt ist sich uneins über ihre Klassenzugehörigkeit. Mitunter wird sie auch als Teerose, Indica- oder Bourbon-Rose geführt. Jedenfalls gehört sie zu Recht zu den beliebtesten Klassikern unter den Rosen. Ihr verschwenderischer Duft und die

Blütenfülle machten sie zum Mythos. Sie blüht den ganzen Sommer lang bis zum ersten Frost. Für ihre Abstammung ist sie erstaunlich winterhart und gedeiht auch noch im Halbschatten. Man sollte sie jedoch nicht auf Sandböden oder vor heiße Wände pflanzen. Etwas anfällig für Sternrußtau und Rote Spinne. Bild siehe Seite 20 u.
Ursprung/Züchter: Jacotot, Frankreich, 1853.
Blüte: Gelb bis aprikosenfarben mit lachsrosa Schatten, rahmweiß zum Rand hin. Rosen sehr groß, rund, dicht gefüllt mit geviertelter Mitte
Duft: Sehr intensiv.
Höhe: Triebe 300–400 cm lang.
Wuchs: Kletterrose.

'Maréchal Niel'

Einst Modeblume, heute Liebhabersorte. Berühmt machte sie vor allem ihr Teerosenduft. Die ganze Pflanze wirkt zart und fragil und wurde etwas unpassend nach einem französischen General benannt, einem Haudegen, der die Schlacht von Solferino gewann. Sie blüht nur einmal, aber bezaubernd. Ihr Laub ist frischgrün. Leider eignet sie sich nur für Weinbauregionen, sonst braucht sie ein Gewächshaus.

Ihre Frosthärte endet bei drei Grad! Sie gedeiht aber gut im Kübel.
Ursprung/Züchter: Pradel, Frankreich um 1860, verbreitet durch Verdier.
Blüte: Hellgelb. Groß, dicht gefüllt, becherförmig. Die Blüten hängen nickend an den Trieben; reich blühend.
Duft: Sehr intensiv, teerosenartig.
Höhe: Triebe 300–800 cm.
Wuchs: Triebe kräftig überhängend, Kletterrose.

'Mme Alfred Carrière'

Eine sehr zuverlässige, hervorragende Alte Rose. Sie kann als Kletterrose eine ganze Hauswand bedecken, aber auch als Strauch frei stehen. Sie ist eine der frostfestesten Noisette-Rosen, frei von Krankheiten und eignet sich auch für Nordseiten. Die Blüten erscheinen den ganzen Sommer über ununterbrochen.
Ursprung/Züchter: Schwartz, Frankreich, 1879.
Blüte: Rahmweiß, innen zartrosa, später nur weiß. Locker gefüllt, kugelförmig.
Duft: Zart süß, teeartig.
Höhe: 250–600 cm
Wuchs: Sehr kräftig, lange Triebe, gute Kletterrose.

'William Allen Richardson'

Diese Sorte remontiert gut und ist weitgehend frosthart, braucht aber einen guten Standort.
Ursprung/Züchter: Ducher, Frankreich, 1878.
Blüte: Pfirsichfarben bis orange. Mittelgroß, gefüllt.
Duft: Nach Teerose, im Abblühen nachlassend.
Höhe: 200–250 cm
Wuchs: Kletterrose.

'Mme Alfred Carrière'

Remontant-Rosen

'Baron Girod de l'Ain'
(Syn.: 'Princess Christine von Salm', 'Royat Mondain')

Die effektvoll gefärbten Blüten dieser prächtigen Sorte ziehen die Aufmerksamkeit im Garten garantiert auf sich. Breite, runde Blätter unterstreichen den kraftvollen Auftritt noch. Die Sorte gehört nicht umsonst zu den Berühmtheiten ihrer Klasse.
Ursprung/Züchter: Reverchon, Frankreich, 1897.
Blüte: Karminrot mit schmalen, weißen Rändern, im Verblühen purpurn. Groß, dicht gefüllt, becher- bis schalenförmig.

'Baron Girod de l'Ain'

Duft: Sehr intensiv, stark.
Höhe: 100–150 cm
Wuchs: Buschig, 120 cm breit.

'Baronne Adolphe de Rothschild'
(Syn.: 'Baroness Rothschild')

Ihre Blüten sitzen, wie bei den Portlandrosen, dicht über den obersten Blättern, die ausgesprochen groß und dekorativ sind. Der Strauch blüht im Herbst noch einmal und lässt sich vielseitig verwenden. Gute Schnittrose.
Ursprung/Züchter: Pernet Père, Frankreich, 1868.
Blüte: Kräftig, leuchtend rosa mit silbrigen Reflexen. Dicht gefüllt, anfangs becherförmig, fast etwas pfingstrosenähnlich.
Duft: Zart.
Höhe: 120 cm, als Kletterrose bis 300 cm.
Wuchs: Sehr kräftig, aufrecht, langtriebig.

'Eclair'

Ihr Name lautet übersetzt »Blitz« und steht für die Energie, die in der Farbe steckt. Zur Zeit ihrer Einführung gab es noch keine leuchtend roten Rosen, deshalb wurde sie sehr bewundert. Die opulenten Blüten öffnen sich mitunter schwer. Der Strauch remontiert nur schwach und schätzt gelegentliche Wasser- und Düngergaben. Gute Schnittblume.
Ursprung/Züchter: Lacharme, Frankreich, 1883.
Blüte: Warmes Rot mit schwärzlichen Schattierungen. Mittelgroß, kugelförmig, sehr stark gefüllt.
Duft: Stark, kräftig.
Höhe: 100–120 cm
Wuchs: Buschig, gedrungen.

'Empereur du Maroc'

Diese Sorte galt einst als erste richtig dunkelrote. Übersetzt heißt sie »Kaiser von Marokko«. Farbe sowie Duft haben tatsächlich etwas von der Intensität Nordafrikas. Die Belaubung ist gut und reichlich, wenn auch kleinblättrig. Die Nachblüte fällt oft etwas schwach aus. Ideal für kleine Gärten, braucht aber gute Pflege. Leider etwas mehltauanfällig und nicht ganz winterhart.
Ursprung/Züchter: Guinoisseau, Frankreich, 1858.
Blüte: Leuchtend karmesinrot mit violetten bis purpurnen Schattierungen. Mittelgroß, gut gefüllt, flach, manchmal geviertelt.

'Eugène Fürst'

Duft: Intensiv, kräftig.
Höhe: 120 cm
Wuchs: Schwachtriebig, kompakt, etwa 90 cm breit.

'Eugène Fürst'
(Syn.: 'Général Korolkow')

Eine sehr empfehlenswerte gesunde Sorte, die den ganzen Sommer über blüht. Große, dunkelgrüne Blätter von guter Widerstandskraft sind ein weiteres Plus dieser Rose.
Ursprung/Züchter: Soupert und Notting, Luxemburg, 1875.
Blüte: Kräftig karminrot, samtig. Groß, stark gefüllt, becherförmig bis kugelig. Die Unterseite der Blütenblätter schimmert heller. Sie rollen nach außen auf.
Duft: Sehr intensiv, süß.
Höhe: 100–150 cm
Wuchs: Kräftig, aufrecht.

'Ferdinand Pichard'

Mit seinen mehrfarbigen Blüten ein farbenprächtiger, dekorativer Paradiesvogel für den Garten! 'Ferdinand Pichard' ist eine sehr gesunde, unproblematische Sorte, sie gehört zu den besten unter den Gestreiften. Der Strauch blüht im Herbst noch

ein zweites Mal. Die Rosen eignen sich auch gut für die Vase. Bild siehe Seite 210.
Ursprung/Züchter: Tanne, Amerika, 1921.
Blüte: Hellrosa, dunkelrosa und weiß gestreift, groß, gefüllt becherförmig, in Büscheln.
Duft: Intensiv, herb.
Höhe: 120–150 cm
Wuchs: Sehr kräftig, buschig, aufrecht, 120 cm breit.

'Fischer & Holmes'

Diese Sorte verströmt wundervollen Duft, als Schnittblume parfümiert sie den ganzen Raum. Unter nicht optimalen Bedingungen neigt die Pflanze allerdings zu Mehltauanfälligkeit. Sie sollte daher luftig stehen. Der Strauch ist winterhart und schwach

remontierend. Er gedeiht auch gut im Kübel.
Ursprung/Züchter: Verdier, Frankreich, 1865.
Blüte: Samtig scharlachrot mit Karmin. Groß, becherförmig, dicht gefüllt, kamelienähnlich. Die Blütenknospen sind länglich und spitz.
Duft: Intensiv.
Höhe: 120–150 cm
Wuchs: Buschig aufrecht, lange kräftige Triebe, früher auch oft auf Hochstamm gezogen.

'Frau Karl Druschki'
(Syn.: 'Schneekönigin', 'Snow Queen', 'Reine des Neiges', 'White American Beauty')

Diese Berühmtheit unter den Alten Rosen erlangte Weltgeltung als eine der wenigen wirklich

'Frau Karl Druschki'

schneeweißen Sorten und wurde Stammmutter vieler weiterer Züchtungen. Sie ist benannt nach der Gattin des damaligen Präsidenten des Vereins Deutscher Rosenfreunde (VDR). Die Rosen leiden schnell unter Regen. Dafür remontieren sie bis in den Oktober hinein und eignen sich auch gut für den Schnitt. Der Strauch ist sehr gesund, kraftvoll, selbst in höheren Lagen winterhart und kommt auch mit ärmeren Böden zurecht.
Ursprung/Züchter: Lambert, Deutschland, 1901.
Blüte: Schneeweiß, Knospen außen rosa überhaucht. Sehr groß, halbgefüllt, becherförmig.
Duft: –
Höhe: 100–150 cm
Wuchs: Kraftvoll, aufrecht.

'Mrs. John Laing'

Ein Klassiker des Sortiments! Ihr Name erinnert an eine Gärtnerfrau aus London. Die Sorte gedeiht auch auf mageren Böden und ist widerstandsfähig gegen Mehltau. Die Blüten sind recht regenfest und haltbar. Der Strauch blüht üppig den ganzen Sommer lang und kommt auch in Hochlagen gut zurecht. Anspruchslos, langlebig und gesund, empfiehlt er sich auch Anfängern. Die Sorte zählt zu den schönsten Remontant-Rosen!
Ursprung/Züchter: Bennet, Großbritannien, 1867.
Blüte: Silbrig rosa. Sehr groß, gut aber locker gefüllt, zunächst ball-, später schalenförmig; reich blühend.
Duft: Intensiv.
Höhe: 150–200 cm
Wuchs: Aufrecht, kräftig breitbuschig.

'Reine des Violettes'

Eine sehr bekannte und beliebte Alte Rose und ein Muss für Sammler! Die Farbgebung erinnert an Gallica-Rosen. Der winterharte, fast stachellose Strauch remontiert auf guten Böden besser als sonst. Er fügt sich gut in gemischte Rosenbeete.
Ursprung/Züchter: Millet-Mallet, Frankreich, 1860.

'Reine des Violettes'

Blüte: Purpur-violett, im Abblühen lila verblassend. Mittelgroß, flach, dicht gefüllt, in der Mitte geviertelt, mit kleinem Auge. Die Blütenblätter rollen nach außen zurück.
Duft: Intensiv, fliederähnlich.
Höhe: 120–150 cm, als Kletterrose 300 cm.
Wuchs: Kräftig, nur 60 cm breit.

'Roger Lambelin'

Das aparte, einmalige Muster macht diese Sorte interessant. Sie blüht im Herbst nach und zeigt sich leider etwas anfällig für Mehltau. Braucht guten Boden.
Ursprung/Züchter: Schwartz, Frankreich, 1890.
Blüte: Intensiv karmin bis bräunlich, mit schmalem weißem Saum und Streifen. Groß und sehr dicht gefüllt. Der Rand der Blütenblätter kräuselt sich nahezu nelkenartig.
Duft: Kräftig.
Höhe: 120–140 cm
Wuchs: Kräftig, dicht verzweigt.

'Souvenir du Docteur Jamain'

Im Hochsommer blüht diese Sorte reichlich, im Herbst ein zweites Mal nach. Sie zieht

'Roger Lambelin'

halbschattige Standorte praller Sonne vor und schätzt gute Düngung. An einer schattigen Mauer kann man sie auch als Kletterrose ziehen. Ihr Name erinnert an den Bruder des französischen Rosenbuchautors Hippolyte Jamain.
Ursprung/Züchter: Lacharme, Frankreich, 1865.
Blüte: Dunkelweinrot mit purpurnen bis bräunlichen Schattierungen. Voll erblüht mit sichtbaren Staubgefäßen, mittelgroß, gut gefüllt, schalenförmig, reich blühend.
Duft: Intensiv.
Höhe: 180 cm, kletternd bis 300 cm.
Wuchs: Kräftig, auch als Kletterrose, 100 cm breit.

'Ulrich Brunner Fils' (Syn.: 'Ulrich Brunner')

Die Sorte ist unkompliziert, zuverlässig, gesund und schmückt sich mit großen, glänzenden Blättern. Sie blüht früh und öfter. Um die vorletzte Jahrhundertwende diente sie als Schnittrose. Diese Sorte, die auch Anfängern Freude macht, ist nach einem berühmten Rosenzüchter aus Lausanne benannt.
Ursprung/Züchter: Levet, Frankreich, 1882.
Blüte: Kirschrot, im Verblühen heller. Groß, gut gefüllt, becher- bis schalenförmig; reich blühend.
Duft: Intensiv, süß.
Höhe: 160–180 cm
Wuchs: Stark, kräftig.

'Buff Beauty'

'Felicia'

Duft: Intensiv moschusartig.
Höhe: 130–140 cm
Wuchs: Kräftig, robust mit über-
hängenden Zweigen, 130 breit.

'Felicia'

Ihre Blüten sind von hinreißen-
der Zartheit und verschwende-
rischem Duft. Der Strauch ist
reich- und öfterblütig, aber auch
gut belaubt. Er bildet auch
schöne Hecken.
Ursprung/Züchter: Pemberton,
Großbritannien, 1928.
Blüte: Zartes Rosa mit silbrigem
Hauch, später heller, fast weiß.
Locker gefüllt, groß und flach,
reich blühend.
Duft: Sehr intensiv, fruchtig.
Höhe: 150 cm
Wuchs: Dicht verzweigt, buschig,
150 cm breit.

'Ghislaine de Féligonde'

Neben der interessanten Blütenfarbe, die effektvoll mit dem
dunkelgrün glänzenden Laub
kontrastiert, gehört eine gute
Winterhärte zu den Pluspunkten
dieser Rose. Die Pflanze blüht
bis in den Herbst hinein. Diese
gesunde und dankbare Sorte
verträgt Sonne und Halbschatten. Bild siehe Seite 21u.

Moschata-Hybriden

'Buff Beauty'

Die beste Moschata-Hybride und
sehr vielseitig zu verwenden:
Sie eignet sich für die Topfkultur
ebenso wie für die Rabatte. Besonders apart wirkt sie als überhängende Hangbepflanzung.
Wie alle Moschata-Hybriden
verströmt sie einen intensiven,
moschusartigen Duft, der den
ganzen Garten füllt, und blüht
von Juni bis zum ersten Frost.
Das dunkelgrüne Laub ist im
Austrieb rot. Die Sorte benötigt
guten Winterschutz!
Ursprung/Züchter: Pemberton,
Großbritannien, 1939.
Blüte: Aprikosengelb, später am
Rand cremefarben aufhellend.
Mittelgroß, sehr dicht gefüllt.

'Penelope'

Ursprung/Züchter: Turbat, Frankreich, 1916.
Blüte: Lachsrosa bis zartgelb, im Abblühen elfenbeinweiß; Knospen orange. Mittelgroß und dicht gefüllt. In Büscheln, sehr reich blühend.
Duft: Zart.
Höhe: 200–300 cm
Wuchs: Buschig, auch kletternd, sie gehört zu den Ramblern und kann mit ihren langen, weichen Trieben in Bäume klettern, ohne hochgebunden zu werden.

'Moonlight'

Eine sehr gesunde, öfter blühende Sorte von beeindruckendem Wuchs. Junge Triebe und Blätter erscheinen rotbraun und setzen einen hübschen Farbkontrast zur Blüte. Eine hervorragende Heckenrose, die zahlreiche, lange haftende Hagebutten ansetzt.
Ursprung/Züchter: Pemberton, Großbritannien, 1919.
Blüte: Cremeweiß mit hellgelben Staubgefäßen im Zentrum, mittelgroß, halbgefüllt, in Büscheln.
Duft: Intensiv, süß.
Höhe: 180 cm
Wuchs: Kräftig, langtriebig, auch rankend. Durch Schnitt als buschiger Strauch zu gestalten, 150 cm breit.

'Pax'

Eine reich und unermüdlich den ganzen Sommer über blühende Rose mit hübschem dunkelgrünem Laub. Ihren Namen, der lateinisch »Friede« bedeutet, erhielt sie anlässlich des Friedensschlusses zum Ende des Ersten Weltkrieges.
Ursprung/Züchter: Pemberton, Großbritannien, 1918.
Blüte: Cremeweiß mit gelber Mitte und goldenen Staubgefäßen. Locker gefüllt, groß, in Büscheln, reich blühend.
Duft: Sehr intensiv, nach Teerose.
Höhe: 180 cm
Wuchs: Elegant, locker, bogig überhängende Triebe, 180 cm breit.

'Penelope'

Ein bezauberndes Ton in Ton-Farbspiel der dunkelrosa Knospen mit den im Abblühen fast weißen Rosen. Die sehr gesunde Sorte entfaltet große Blütenstände und remontiert im Herbst gut. Trotzdem setzt sie dekorative korallenrote Hagebutten an. Gut zum Beranken von Zäunen oder Mauern.
Ursprung/Züchter: Pemberton, Großbritannien, 1924.
Blüte: Lachsrosa mit gelb-orangem Hauch, im Verblühen fast weiß. Mittelgroß und halbgefüllt, reich blühend, in Büscheln.
Duft: Kräftig.
Höhe: 150 cm
Wuchs: Stark, bogenförmig, bis 150 cm breit.

Gartengestaltung mit Alten Rosen

Auch wenn man sich in den Anblick einer einzelnen Blüte verlieben kann – im Garten wirkt doch immer die ganze Pflanze. Wuchsform, Laub, Blütenfarbe und -gestalt bestimmen das Gesamterscheinungsbild. Es lohnt sich also vor der Pflanzung zu überlegen, wie sich Alte Rosen am wirkungsvollsten in den Rahmen des Gartens einfügen lassen.

Besonderheiten im Umgang mit Alten Rosen

Unterscheidet sich die Verwendung von Alten und Modernen Rosen im Garten überhaupt? Natürlich gelten allgemeine Prinzipien wie Farbwirkungen oder die Kombination von Blüten- und Blattformen für alle Sorten gleichermaßen. Dennoch weisen Historische Rosen einige Charakteristika auf, die sich auf die Gestaltungsmöglichkeiten auswirken. Vor allem vier Punkte gilt es zu bedenken:

1. Die Wuchsform

Bei Alten Sorten handelt es sich nahezu ausnahmslos um Strauchrosen. Viele können auf-

grund ihrer langen Triebe zwar auch kletternd gezogen werden, doch sind auch die meisten dieser Sorten in der Lage, sich ohne Gerüst zu frei stehenden Sträuchern zu entwickeln. Es

gibt nur wenige Ranker, die nur mit Stütze auskommen. Weitere Ausnahmen bilden eine Hand voll sehr schwach wüchsiger Varietäten, meist Chinarosen, die auch als Beetrosen Verwendung finden können. Alle anderen wollen sich natürlich entfalten und am besten solo zur Geltung kommen. Für flächenhafte Verwendung, etwa als Bodendecker oder im Sinne von Beetrosen-Monokulturen, wie sie in den 70er Jahren modern waren, eignen sich

Alte Rosen bilden mehr oder minder hohe Sträucher, die am besten solo zur Geltung kommen oder mit Stauden und anderen Pflanzen vergesellschaftet werden.

◄ 'Mme Hardy' mit bezauberndem Hofstaat: Die »Königin der Blumen« ist ausgesprochen teamfähig.

Alte Rosen nicht. Das heißt aber nicht, dass sie einsam in Rasen stehen müssten. Im Gegenteil: Die ehrwürdigen Schönheiten erweisen sich als ausgesprochen teamfähig. Viele Sorten bilden auch dekorative Hecken.

2. Das Farbspektrum

Unter den Historischen Sorten dominieren deutlich die Farben Weiß und vor allem Rosa in allen Nuancen. Vom zarten Blush-Effekt bis zum satten, dunklen Karmin zieht das Spektrum alle Register. Warme Rottöne fehlen fast völlig, Gelb ist, von den Gruppen der Noisette-Rosen und Moschata-Hybriden einmal abgesehen, eher selten. Besonders hinreißende Gartenbilder entstehen, wenn die Umgebung die Farben der Alten Rosen aufgreift und verstärkt. Es kann aber auch reizvoll sein auf starke Kontraste zu setzen.

Gute Anregungen für die Gestaltung mit Alten Rosen bieten englische Cottagegärten. Vita Sackville-West und Gertrude Jekyll gestalteten traumhafte Anlagen dieser Art. Wer England nicht selbst bereisen möchte, findet dazu auch viel Literatur.

Der Duft (hier die Ölrose 'Trigintipetala') ist zwar ein unsichtbares, aber dennoch wichtiges Gestaltungskriterium. Alte Rosen immer in Genussnähe pflanzen.

3. Der Blührhythmus

Die jahrhundertealten Sorten blühen nur einmal, nämlich im Juni/Juli. Möchte man die Königin der Blumen mit einem Hofstaat umgeben, der ihrer Blüte schmeichelt und sie unterstreicht, kommen daher nur zuverlässig im Juni/Juli blühende Begleitpflanzen in Frage. Andererseits eröffnen einmal blühende Sorten die Möglichkeit, die Rose mit Herbstblühern zu umgeben, die einer Rabatte auch außerhalb der Rosensaison Reiz verleihen.
Ein weiterer positiver Nebeneffekt ist der herbstliche Hagebuttenschmuck: Bei vielen Sorten haften die roten Früchte bis in den Winter hinein und

bieten mit Raureif überzuckert einen bezaubernden Anblick. Die Sorten des 19. Jahrhunderts, die mehr oder minder gut remontieren, müssen hinsichtlich der Farbe mit Fingerspitzengefühl auf ihre Blühbegleiter abgestimmt werden.

4. Der Duft

Last, not least: Damit man dieses hinreißende Charakteristikum Alter Rosen genießen kann, sollte man sie immer in Nasennähe platzieren. Terrasse, Pergola, Lieblingssitzplatz, Fensternähe oder die Ränder der Wege, die man täglich im Garten beschreitet, sind prädestinierte Orte für Alte Rosen.

Stars für verschiedene Rollen

Der Soloauftritt

Alte Rosen in Solitärstellung setzen Akzente. Sie leiten den Blick durch den Garten und legen Sichtachsen fest. Bewusst platziert, kann man damit die Aufmerksamkeit von weniger attraktiven Ecken abziehen. Wo nur wenig Raum zur Verfügung steht, weicht man auf schwachwüchsigere Sorten aus. Hohe Exemplare tragen zur Raumbildung bei, sie schaffen Nischen, lauschige Ecken und können Sitzplätze abschirmen, – eine besonders schöne Aufgabe für Alte Rosen, da sie den Ruhesuchenden gleichzeitig mit ihrem Duft verwöhnen. Stehen Solitärrosen im Rasen, sollte der Boden um den Fuß mindestens 50 Zentimeter frei bleiben. Die Königin der Blumen konkurriert nicht gern um Nährstoffe mit ihrem Fußvolk. Geradezu klassisch ist der Soloplatz am Gartenzaun. Hier finden die starkwüchsigen Sorten, die sowohl als Strauch als auch kletterrosenartig verwendet werden können, ihren idealen Standort. Sie können sich anlehnen und ihre längsten Zweige dekorativ darüber wölben: ein duftendes und farbenprächtiges Aushängeschild für das ganze Anwesen. Auch in Hanglage machen langtriebig wachsende Sorten, wie 'Buff Beauty' eine gute Figur. Zur Blütezeit legen sie einen regelrechten Rosenschleier über die schiefe Ebene. Auch kleine Mauern überwallen sie dekorativ.

Man kann mehrere Rosenexemplare zu einer besonders stattlichen Gesamtpflanze zusammenwachsen lassen. Dennoch sollte man Mindestabstände von 45 Zentimetern zwischen den Einzelpflanzen einhalten, bei höheren Sorten sogar 60 Zentimeter.

Solitärstellung muss nicht unbedingt heißen, dass die Rose einsam im Rasen steht. Man sollte ihr aber die Hauptrolle in gemischten Pflanzungen lassen.

Das Hecken-Ensemble

Mit den pflegeleichten Alten Strauchrosen lassen sich dekorative und funktionelle frei wachsende Hecken heranziehen. Schon die Germanen umgaben ihre Kultstätten mit einem »Rosenhag«, und zu jedem Bauerngarten gehörten einst Rosenhecken.

Sorten mit dichtem Wuchs, guter Verzweigung und starker Bestachelung machen jeden Zaun überflüssig. Sie werden schnell undurchdringlich und zu einem wirkungsvollen Schutzraum für Vögel, die außerdem die Hagebuttennahrung im Herbst sehr schätzen. Zur Blütezeit bieten sie einen überwältigenden Anblick. Natürlich brauchen sie deutlich mehr Platz als eine Formschnitthecke. Zwei Meter Breite nehmen sie schnell ein. Dafür wirken sie aber lockerer und ungezwungener.

Eine platzsparende Alternative sind kletternde, dünntriebige Rambler, die einen Zaun rasch

Alte Rosen für schöne Hecken

Hohe Hecken
- 'Maxima', 200 cm
- 'Semiplena', 200 cm
- 'Moonlight', 180 cm
- 'Commandant Beaurepaire', 150 cm
- 'Felicia', 150 cm
- 'Versicolor', 120 cm

Niedrige Hecken
- 'Officinalis', 100 cm
- 'Rose de Resht', 100 cm
- 'De Meaux', 80 cm
- 'Pompon de Bourgogne', 50–80 cm

Duftende Hecken aus Alten Rosen bieten im Juni und Juli einen überwältigenden Anblick. Auch Insekten und Vögel wissen sie zu schätzen.

dicht machen, dabei aber auf rund 50 cm Breite zu halten sind. Auch niedrige Hecken aus schwachwüchsigeren Sorten grenzen Räume optisch wirkungsvoll ab, ohne auszusperren. Sie eignen sich hervorragend zur Raumaufteilung innerhalb des Gartens.

Ob hoch oder niedrig, für Rosenhecken sollte man versuchen, wurzelechte Pflanzen zu bekommen – wer möchte schon gerne lästige Wildtriebe im stacheligen Dickicht entfernen. Der Pflanzabstand sollte je nach Wüchsigkeit der Sorte 100 bis 200 Zentimeter nicht unterschreiten.

Die schnellen Aufsteiger: Kletterrosen

Bei den Kletterrosen unterscheidet man Kletterer und Rambler. Letztere bilden sehr weiche, geschmeidige, viele Meter lange dünne Triebe (wie etwa die bezaubernde 'Desprez à Fleur Jaune'). Sie sind unter den Alten Sorten aber eher die Ausnahme. Nur in den Klassen der Noisette-Rosen und Moschata-Hybriden gibt es einige. Die übrigen Kletterer sind Strauchrosen mit langen, aber relativ dicken, kräftigen, etwas steifen Zweigen, die – sofern man ihnen eine Stütze anbietet – hervorragende, dekorative Senkrechtstarter werden.

Platz sparen

Kletterrosen beanspruchen wenig Platz. Sie entwickeln ihre Schönheit in die Höhe. Ihrem schlanken Fuß genügen 40 mal 40 Zentimeter freier Boden, um sich gut zu entwickeln. So passen sie vor jede Hauswand und stellen einen sanften, grünen Übergang zum Garten her. Am besten eignen sich Südost- oder Südwestwände. Vor Südwänden staut sich oft die Hitze zu stark, was die Krankheitsanfälligkeit vor allem gegenüber Mehltau erhöht. Achten Sie darauf, dass zwischen Wand und Gerüst

Kletterrosen erobern die dritte Dimension und beanspruchen dabei wenig Platz. Mit ihnen lassen sich lauschige Sitzplätze gestalten.

20 bis 30 cm Platz bleiben, denn Rosen werden alt und bilden im Lauf der Zeit dicke Stämme. Außerdem gewährleistet ein guter Abstand auch eine bessere Belüftung.

Für einen reichen Blütenansatz sollte man die Triebe beizeiten waagerecht zur Seite biegen; das fördert die flortragenden Seitenzweige. Alte Sorten lohnen sich in Hausnähe besonders, weil man hier ihrem Duft nahe sein kann. Deshalb bieten auch eine Pergola oder ein Pavillon im Schatten von Alten Kletterrosen besonders lauschige Sitzplätze.

Natürlich können Stützen und Rankhilfen auch frei im Garten stehen. Eines der bezauberndst-

Eine Auswahl schöner Alter Kletterrosen

- 'Blush Noisette' (rosé-weiß)
- 'Desprez à Fleurs Jaunes' (gelb)
- 'Fantin Latour' (zartrosa)
- 'Félicité et Perpétué' (weiß-rosa),
- 'Ghislaine de Féligonde' (lachsrosa-gelb)
- 'Gloire de Dijon' (gelb-apricot)
- 'Mme Alfred Carrière' (rahm-weiß-rosa)
- 'Mme Isaac Pereire' (karmin)
- 'Mme Plantier' (weiß)
- 'Maréchal Niel' (hellgelb)
- 'Pénélope' (lachsrosa-gelb)
- 'Sophie's Perpetual' (tiefrosa)
- 'Zéphirine Drouhin' (karmin)

Ein Himmel voller Rosen: Mit Rosenbögen kann man herrlich romantische
Gartenszenen zaubern.

ten und romantischsten Ge-
staltungselemente ist der
Rosenbogen. Er kann Wege
überdachen oder einrahmen,
aber auch das Entree zu einem
anders gestalteten Gartenzim-
mer darstellen. Säulen, Obelisken oder Pyramiden können den
nötigen Halt geben und gleichzeitig – beispielsweise in einer
gemischten Rabatte – bemer-
kenswerte Akzente im Garten
setzen. Frei stehende Stützen
sollten stets etwa einen halben
Meter tief im Boden verankert
werden.

Stütze geben

Ohne Rankhilfen klettert keine
Rose! Sie kann nicht, wie etwa
Efeu oder Wilder Wein, mittels
Haftwurzeln Wände erklimmen.
Rosen gehören botanisch zu
den Spreizklimmern, das heißt,
man muss sie an Gerüsten auf-
binden, damit sie Halt finden.
Der Fachhandel bietet eine
Vielzahl dekorativer **Rankhilfen**
in allen Stilrichtungen. Beschich-
tete Metallgitter, ummantelter
Draht, kesseldruckimprägniertes
Holz oder Stäbe können den
Aufsteigern in die Höhe helfen.
Wichtig ist nur: Sie müssen trag-
fähig und solide sein. Schließlich
werden Rosen alt, und ihre höl-
zernen Triebe wiegen mit den
Jahren sehr schwer.
Eine sehr hübsche Alternative
zu künstlichen Gerüsten stellen
alte oder abgestorbene Bäume
dar. Besonders Rambler beranken Stamm und untere Äste auf
äußerst schmuckvolle Weise. Es
genügt, die ersten Meter mit
ummanteltem Draht zu über-
brücken, dann ranken die Triebe
alleine weiter. So entstehen üppige, von Wuchskraft strotzende
Gartenszenen, die auch gut in
naturnahe Pflanzungen passen.
Allerdings eignen sich nicht alle
Sorten und nicht jede Baumart
dazu. Die verwendeten Rosen
sollten möglichst vital und stark-

Ramblerrosen erklimmen weitgehend selbständig alte Bäume und schenken ihnen
eine neue Blüte. Naturnahen Gärten verleihen sie etwas Urwaldatmosphäre.

wüchsig sein, um sich in der Konkurrenz mit den Baumwurzeln behaupten zu können. Flach wurzelnde Baumarten wie Birken scheiden für diesen Zweck gänzlich. Auch müssen die Baumkronen noch genügend Licht durchlassen. Ideal für diese Kombination erweisen sich alte Obstbäume, Robinien, Kiefern oder Eiben.

Gastspiel im Kübel

Wer nur Terrasse oder Balkon zur Verfügung hat, braucht nicht auf Alte Rosen zu verzichten. Je nach Größe der Sorte pflanzt man sie in Töpfe, Kästen, Kübel oder Tröge. Auf diese Weise kann man seiner Lieblingsrose sogar öfter mal eine andere Bühne für ihren Auftritt gönnen. Duftende Exemplare wechseln einfach mit dem Liegestuhl die Position.

Mobiler Rosenbogen: Viele Sorten gedeihen bei entsprechender Pflege auch im Kübel, obwohl Rosen als Tiefwurzler nicht für die Kübelkultur prädestiniert sind.

Niedrige, zwergwüchsige Sorten haben in Kübelkultur keine Probleme. Die Topfgröße sollte jedoch 40 Zentimeter im Durchmesser nicht unterschreiten und etwa 40 bis 50 Zentimeter Tiefe aufweisen. Bei größeren, starkwüchsigen Sorten muss man berücksichtigen, dass Rosen zu den Tiefwurzlern gehören und damit eigentlich nicht für Pflanzgefäße prädestiniert sind. Die Gestalt der verwendeten Kübel muss ihrer Vorliebe, lange, tiefgehende Wurzeln zu bilden, deshalb unbedingt Rechnung tragen: Sie brauchen **hohe, lang gestreckte Gefäße** in Zylinder- oder Amphorenform. Zudem sollten sie einigermaßen schwer sein, um die Standfestigkeit zu gewährleisten. Gut eignen sich Terrakottakübel. Sie haben Gewicht, erlauben eine gute Durchlüftung der Erde und sehen auch nach Jahren noch attraktiv aus. Allerdings verdunstet das Wasser schnell, sie erfordern häufigeres Gießen. Steingut- und Keramiktöpfe halten besser dicht, können bei starken Frösten aber Schaden nehmen. Es gibt sie in zahlreichen Farben und Mustern, was viel stilistischen Gestaltungsspielraum eröffnet. Stabil, bruch- und

frostfest sind Holz- oder Metall-
tröge. Bei Letzteren aber unbedingt einen guten Wasserabzug
sicherstellen.

Beim Eintopfen füllt man eine
Drainageschicht von einigen
Zentimetern (je nach Topfhöhe)
aus Tonscherben oder Blähton
auf den Gefäßboden. Diese Lage
deckt ein Vlies ab. Erst darauf
schüttet man die Erde. Die Wurzeln müssen sich frei im Kübel
entfalten können, ohne gebogen zu werden. Zum Rand sollten ringsum etwa zehn Zentimeter Abstand verbleiben.

Im Gegensatz zu ihren ausge-
pflanzten Schwestern brauchen

Duft fürs Zimmer: In der Vase halten Rosen länger, wenn man ihre Stängel vor dem
Einstellen kurz in kochendes Wasser taucht.

**Alte Rosen
für die Kübelkultur**

- 'Boule de Neige'
- 'Buff Beauty'
- 'De Meaux'
- 'Fischer & Holmes'
- 'Hermosa'
- 'Little White Pet'
- 'Maréchal Niel'
- 'Marie Louise'
- 'Old Blush'
- 'Perle d 'Or'
- 'Petite Hollande'
- 'Pompon de Bourgogne'
- 'Rose de Resht'
- 'Souvenir de la Malmaison'

Kübelrosen sehr regelmäßiges
Gießen, da der Wasservorrat im
Pflanztrog begrenzt ist. Wie diese
verabscheuen sie aber jegliche
Staunässe. Große Abzugslöcher
im Gefäßboden sind folglich unabdingbar. Am besten stellt man
die Kübel auf zwei Leisten,
damit das Überschusswasser
schneller abzieht.

In klimatisch rauen Lagen empfiehlt es sich, die Töpfe im
Winter mit einem **Frostschutz** zu
ummanteln. Den winterharten
Rosentrieben schadet die Kälte
zwar nicht, aber das begrenzte
Erdvolumen im Topf friert viel
schneller durch als der Boden
im Freiland. Die Pflanze kann
dann kein Wasser mehr aufnehmen und vertrocknet. Es genügt,
die Gefäße in eine Mauerecke

zu rücken und mit einem Haufer
Laub einzupolstern, das man
mit Jutesäcken oder Fichtenzwei-
gen vor dem Verwehen schützt.
Einzelne Kübel kann man in ein
größeres Gefäß (auf Wasserabzug achten) oder in einen Draht-
mantel stellen, und diese Hüllen
ebenso mit Laub auffüllen.

Improvisationen
für die Vase

Im Gegensatz zu den Teehybriden, deren Knospen im Aufgehen
am schönsten sind und dann
rasch auseinander fallen,
werden Alte Rosen von Tag zu
Tag schöner – auch in der Vase.
Für ein möglichst langes Schnitt-
blumenleben schneidet man
Rosen am besten gleich früh

Im Team: gemischte Pflanzungen

Besonderen Charme entfalten Alte Rosen im Zusammenklang mit Stauden, Gräsern und andern Partnern. Man muss ihnen dabei allerdings die Hauptrolle überlassen und die Begleiter in Größe und Farbe auf sie abstimmen. Nicht umsonst spielen sie in den »mixed borders« englischer Cottagegärten eine so herausragende Rolle.

Die Vergesellschaftung bringt auch ganz praktische Vorzüge mit sich. Monokultur-Probleme wie erhöhter Krankheitsdruck und einseitiger Nährstoffentzug des Bodens treten nicht auf. Die Partner tragen gegenseitig zur Gesunderhaltung bei und unterdrücken ganz nebenbei Unkrautbewuchs.

Unterschiedlichen Nährstoffansprüchen kann man mit geeigneten Abständen und gezielter, lokaler Düngung begegnen. Als Hauptstilmittel beim Gestalten gemischter Pflanzungen dienen Blüten- und Blattfarben der Teammitglieder sowie deren Wuchs-, Blatt- und Blütenkonturen.

morgens oder erst nach Sonnenuntergang. Die Blütenknospen sollten sich gerade beginnen zu öffnen. Halten Sie ein wassergefülltes Gefäß im Garten bereit, in das Sie die geschnitten Stängel sofort einstellen. Ist das nicht möglich, wickelt man ein feuchtes Tuch oder nasses Zeitungspapier um die Stielenden. Bevor man sie im Haus in die Vase gibt, gehört das Holz noch einmal schräg angeschnitten. Die Blätter entfernt man soweit, dass keines unter die Wasseroberfläche taucht. Lauwarmes Wasser und Blumenfrischhaltemittel verlängern die Haltbarkeit.

In Gesellschaft von Stauden kommen die Alten Strauchrosen am besten zur Geltung. Lavendel, Rittersporn und Fingerhut zählen zu den klassischen Begleitern.

Farben abstimmen

Wird ein gemeinsamer Blüten-
höhepunkt von Rosen und Begleitern angestrebt, muss man
vor dem Pflanzen ein paar ge-
stalterische Überlegungen an-
stellen.

Stauden – klassische Begleiter

Traditionell sind Stauden die
ideale Gesellschaft für Alte
Rosen. Es gibt sie in allen
Größen, so dass sich fein ab-
gestufte Höhenstaffelungen in

Blütenrausch im Juni/Juli: Weiße und blaue Glockenblumen untermalen effektvoll die farbenprächtige 'Charles de Mills' und zaubern ein Meer von Blüten.

Blau blühende Rosenbegleiter		
Name	**Höhe**	**Standort**
Eisenhut (Aconitum napellus)	90–150 cm	Halbschatten
Zierlauch (Allium-Arten)	30–100 cm	sonnig
Glockenblumen (Campanula)	10–100 cm	sonnig – halbschattig
Kugeldistel (Echinops bannaticus)	80 cm	sonnig
Alpen-Edeldistel (Eryngium alpinum)	60–80 cm	sonnig
Feinstrahl (Erigeron-Sorten)	50–80 cm	sonnig
Himalaja-Storchschnabel (Geranium himalayense)	30–60 cm	Halbschatten
Lupinen (Lupinus)	80–100 cm	sonnig
Katzenminze (Nepeta × faassenii)	25 cm	sonnig
Zier-Salbei (Salvia nemorosa)	40 cm	sonnig
Ehrenpreis (Veronica)	30–100 cm	sonnig

der Rabatte verwirklichen lassen.
Nahezu jede erdenkliche Farbe
existiert. Zudem ist der Lebens-
rhythmus ähnlich dem der Rosen,
was die gemeinsame Pflege erleichtert.

Der **Blütenfarbe Blau** kommt
unter den Rosenkavalieren eine
herausragende Rolle zu. Sie ist
die einzige, die im Farbspektrum
der Rosen völlig fehlt. Sie wirkt
daher in der Umgebung besonders kontrastreich und erhöht
die Leuchtkraft des ganzen
Ensembles. Gerade Alten Sorten
mit ihrem weißen oder bläulich-
rosa Flor steht sie besonders
gut. Außerdem verleiht Blau mit
seiner kühlen Ausstrahlung
Tiefe und Distanz und trägt so
zur optischen Strukturierung

Rosa blühende Rosenbegleiter			
Name	**Farbe**	**Höhe**	**Standort**
Fingerhut (*Digitalis purpurea*)	hellrosa bis purpurn	100–140 cm	Halbschatten
Vexiernelke (*Lychnis coronaria*)	zart- bis purpur-rosa	60–100 cm	sonnig
Pfingstnelken (*Dianthus gratianopolitanus*)	weiß bis karmin-rosa	10–20 cm	sonnig
Blut-Storchschnabel (*Geranium sanguineum*)	karminrosa	10–50 cm,	Halbschatten
Phlox (*Phlox paniculata*)	weiß über hellrosa violett-purpurn	50–150 cm	sonnig
Moschus-Malve (*Malva moschata*)	weiß, zartrosa	40–70 cm	sonnig
Lupinen (*Lupinus*)	verschiedene Rosatöne	80–100 cm	sonnig
Pfingstrosen (*Paeonia lactiflora*)	verschiedene Rosatöne	50–110 cm	sonnig
Lilien (*Lilium*)	weiß mit rosa Hauch	60–200 cm	sonnig
Seifenkraut (*Saponaria*)	hell- bis dunkelrosa	10–40 cm	sonnig
Stockrosen (*Alcea rosea*)	weiß und zahl-reiche Rosatöne	160–200 cm	sonnig

einer Rabatte bei. Nicht zuletzt aus diesem Grunde zählt der **Rittersporn** *(Delphinium)* zu den Klassikern im Rosenensemble (siehe Bild Seite 69). Seine Blütenkerzen strahlen zeitgleich zur Rosenblüte in allen Blautönen. Er liebt allerdings nährstoffreiche, humose Böden. Fällt der Standort nicht so üppig aus, kommt der zweite Klassiker zum Einsatz: Lavendel *(Lavandula*-Sorten). Er bietet nicht nur optischen Genuss, sondern verwöhnt zudem die Nase und schützt die Rosen vor Blattlausbefall. Weitere blaublütige Rosenkavaliere, die zuverlässig im Juni und/oder Juli blühen, sind im Kasten links zusammengestellt.

Den herrlich nostalgischen Zauber, den Alte Rosen aufgrund ihrer stark gefüllten Blüten und

Vornehm und zart distanziert wirkt die blau-weiße Kombination von 'Maxima' und Glockenblume.

des eigenen Farbspektrums verbreiten, kann man durch Ton in Ton-Arrangements mit **rosablühenden Stauden** stimmungsvoll verstärken. Helle Rosatöne wirken dezent, zart, zurückhaltend schüchtern. Die kräftigeren Purpurnuancen bringen etwas mehr Temperament ins Spiel, behalten aber die kühle, romantische Wirkung – im Gegensatz zu den wärmeren Gelb-Rot-Tönen Moderner Rosen. Folgende Staudenarten harmonieren besonders gut.
Lilien und Rosen bilden eine traditionsreiche Kombination.

Sehr prunkvoll ist die Kombination mit Pfingstrosen *(Paeonia lactiflora*-Sorten). Auch sie blü-

Rosa Ton in Ton kombiniert, verbreitet romantisches Flair: 'Cardinal de Richelieu' mit Clematis.

Kombinationen von Weiß mit Weiß strahlen ungeheure Eleganz und Noblesse aus und sind von großer Leuchtkraft. Mit den vielen Nuancen dieser Farbe lässt sich gut gestalten.

hen in zahlreichen Rosatönen und in Weiß. Hier bedarf es feinfühliger Abstimmung der jeweiligen Sorten, damit sie sich nicht in der Wirkung beeinträchtigen, sondern gegenseitig fördern. Die Farbe **Weiß** spielt in der Kombination mit Alten Rosen eine ebenso wichtige Rolle wie Rosa. Zum einen, weil der Übergang zwischen beiden ohnehin fließend ist: Man denke nur an die vielen Sorten mit Blush-Effekt, deren Weiß an den Blütenrändern oder im Zentrum in einen rosa Hauch übergeht. Zum anderen ist Weiß auf Grund seiner neutralen Qualität wichtig, um im Garten zwischen unterschiedlichen Farben zu vermitteln. Es passt zu allen anderen Tönen und kann daher Beetpartien trennen beziehungsweise Übergänge herstellen. Weiß wirkt luftig, transparent und frisch. Es vermittelt das

Gefühl des »Aufatmen-Könnens«. Rein weiße Gärten wirken besonders edel und vornehm. Als weiß blühende Rosenbegleiter bieten sich insbesondere die Madonnen- und die Königlilie an. Sie standen schon gemeinsam mit den Alten Rosen in mittelalterlichen Klostergärten und leisten sich standesgemäße Gesellschaft. Darüber hinaus gibt

es von vielen bereits erwähnten bewährten Rosenbegleitern weiße Varietäten, so zum Beispiel von Rittersporn, Fingerhut, Lupinen, Nelken, Stockrosen, Glockenblumen, Storchschnabel und Phlox. Zusätzlichen weißen Flor bringen Schleierkraut *(Gypsophila*-Sorten), Steppenkerze *(Eremurus*-Arten) oder Schleifenblume *(Iberis sempervirens)*. **Gelb** blühende Stauden harmonieren gut mit weißen Rosen und lassen sich mit den wenigen gelben oder lachsfarbenen Sorten unter den Alten Rosen Ton in Ton kombinieren. Vor allem unter den Noisette-Rosen und den Moschata-Hybriden finden sich diese Farben. Gelb wirkt heiter und sonnig, bringt Licht und Wärme in ein Beet. Gute gelbe Rosen-Partner sind:

Gelb blühende Rosenbegleiter		
Name	**Höhe**	**Standort**
Frauenmantel (Alchemilla mollis)	30–50 cm	sonnig – halbschattig
Goldgarbe (Achillea filipendula)	70–130 cm	sonnig
Goldrute (Solidago)	50–80 cm	sonnig
Taglilien (Hemerocallis)	40–110 cm	sonnig – halbschattig
Nachtkerze (Oenothera)	30–70 cm	sonnig
Königskerze (Verbascum bombyciferum)	120–180 cm	sonnig

gute Figur machen hier beispielsweise Balsam-Tanne *(Abies balsamea)*, Niedriger Wacholder *(Juniperus procumbens* 'Nana'), Raketen-Wacholder *(Juniperus virginiana* 'Skyrocket'), Igel-Fichte *(Picea abies* 'Echiniformis'), Mops-Kiefer *(Pinus mugo* 'Mops') und Säulen-Kiefer *(Pinus silvestris* 'Fastigiata') sowie der immergrüne Buchs *(Buxus sempervirens* 'Suffruticosa'). Hohe Arten ergeben nicht nur als Hecke einen wertvollen Schutz vor

Gelbe Beete lassen auch an trüben Tagen die Sonne aufgehen. Vor allem unter den Noisette- und Moschata-Rosen finden sich gelbe Farbtöne.

Gehölze für den richtigen Rahmen

Kombiniert man Sträucher und Bäume mit Rosen, sollte immer auf ausreichende Pflanzabstände geachtet werden. Licht- und Wurzelkonkurrenz schätzen Rosen nämlich ganz und gar nicht. Eine wertvolle Funktion im Zusammenspiel mit Rosen erfüllen **Nadelgehölze und Immergrüne.** Sie bilden eine sanfte Kulisse, einen ruhigen Rahmen, der die Blütenfarben der Alten Rosen umso leuchtender strahlen lässt. Niedrige Zwergnadelhölzer dürfen ruhig in die Rabatte integriert werden. Sie stellen keine Konkurrenz dar, sondern wirken vielmehr als ruhender Pol im Meer der Farben. Eine

Immergrüne Gehölze und Hecken bilden nicht nur einen wirkungsvollen Windschutz, sondern auch eine ruhige Kulisse, die den Auftritt der Rosen betont.

Die filigrane Jungfer im Grünen steht rosa Rosen gut. Einjährige Sommerblumen wollen auf Grund ihres Farbspektrums mit Fingerspitzengefühl gewählt sein.

(Clematis) zu den Klassikern im Rosenteam. Sie blühen zur gleichen Zeit und bieten nahezu das gesamte Farbspektrum zur Kombination an. Ihr Fuß sollte im Schatten stehen, ihr »Kopf« braucht jedoch unbedingt Sonne. Am besten pflanzt man Schatten werfende Stauden davor oder platziert Steine. Waldreben können zusammen mit Kletterrosen Gerüste beranken, aber auch wirkungsvoll Hecken oder Strauchrosen durchdringen. Weitere lohnenswerte Kletterpartner sind Geißblatt *(Lonicera)*, das mit den Alten Rosen um die Wette duftet, sowie der bezaubernde Blauregen *(Wisteria)*. Er ist allerdings so starkwüchsig, dass man die Pflanze unbedingt in ausreichender Entfernung pflanzen und ihr eine eigene Gerüststange anbieten sollte.

Wind und Kälte. Vor allem an der Nord- und Ostseite des Gartens bilden sie einen schützenden Rahmen.

Ziersträucher blühen meist im Frühjahr und ergänzen die Alten Rosen in der Blühfolge wirkungsvoll. Einige Spätblüher können darüber hinaus auch eine dekorative Begleitrolle zur Rosenblüte spielen. Hier bieten sich beispielsweise an: der lila blühende Sommerflieder *(Buddleja alternifolia)*, der Japanische Blumen-Hartriegel *(Cornus kousa)* mit seinen auffälligen weißen Blüten, der hellrosa Perlmuttstrauch *(Kolkwitzia amabilis)*, die blau-violette Säckelblume *(Ceanothus × delilianus)*, Hortensien *(Hydrangea)* in Blau, Rosa oder Weiß sowie rosa oder weiße Spiersträucher *(Spirea japonica)*.

Kletternde Rosenbegleiter eröffnen interessante Gestaltungsmöglichkeiten. Nicht umsonst gehören Waldreben

Einjährige Sommerblumen
Oft entwickeln diese Dauerblüher recht bunte, knallige Farben, und die Abstimmung mit den Alten Rosensorten erfordert dementsprechend viel Feingefühl. Dennoch gibt es unter den weiß, rosa oder blau blühende Arten wertvolle Begleitpflanzen. Sie bewähren sich als schnelle Lückenfüller, wo andere Pflanzen ausfallen. Die Tabelle auf Seite 75 stellt lohnenswerte Partner vor:

Einjährige Sommerblumen			
Name	**Farbe**	**Höhe**	**Blütezeit**
Marien-Glockenblume (*Campanula medium*)	blau, weiß	50–70 cm	5–7
Schmuckkörbchen (*Cosmos bipinnatus*)	weiß, rosa karmin	50–110 cm	6–10
Schleifenblume (*Iberis umbellata*)	weiß, lila, purpur	25 cm	6–13
Bechermalve (*Lavatera trimestris*)	rosa, weiß	50–80cm	7–9
Männertreu (*Lobelia erinus*)	blau, weiß	10–30 cm	5–10
Duftsteinrich (*Lobularia maritima*)	weiß, rosa, lila	15 cm	6–10
Levkojen (*Mattiola incana*)	weiß, rosa karmin	30–100 cm	5–8
Jungfer im Grünen (*Nigella damascena*)	blau, weiß	50 cm	6–9
Mehlsalbei (*Salvia farinacea*)	violett-blau	70 cm	6–10
Eisenkraut (*Verbena bonariensis*)	blau	120 cm	7–10

Laubfarben

Bei der Farbgestaltung eines gemischten Beetes sollte man neben den Blüten- unbedingt auch die Blattfarben berücksichtigen, sie wirken schließlich während der ganzen Saison. Das Laub der Stauden grünt auch einmal bläulich, gelblich oder bei panaschierten Sorten gar mehrfarbig, etwa bei Funkien oder Gräsern. Auch die Rosenblätter selbst bringen je nach Sorte unterschiedliche Grüntöne ein. Alba-Rosen tendieren ins Graue, während Gallica-Rosen kräftig grün, fast ledrig glänzen. Für Historische Rosen sind vor allem silberlaubige Partner zu empfehlen. Sie unterstreichen das zart romantische Flair Alter Sorten, insbesondere in Kombination mit rosafarbenen Rosenblüten. Grau bringt andere Farben zum Leuchten, dämpft Kontraste und stellt weiche Übergänge her.

In diesem Zusammenhang spielen auch **Gewürz- und Küchenkräuter** eine wichtige Rolle. Sie bildeten schon in den mittelalterlichen Klostergärten ein

Grau- oder silberlaubige Stauden zu Rosen

- Silber-Perlkörbchen (*Anaphalis triplinervis*)
- Edelraute (*Artemisia stelleriana*)
- Pfingstnelke (*Dianthus gratianopolitanus*)
- Kugeldistel (*Echinops bannaticus*)
- Alpendistel (*Eryngium alpinum*)
- Schleierkraut (*Gypsophila paniculata*)
- Lavendel (*Lavandula*)
- Katzenminze (*Nepeta* x *faassenii*)
- Heiligenkraut (*Santolina chamaecyparissus*)
- Wollziest (*Stachys byzantina*)
- Königskerze (*Verbascum olympicum*)
- Silbergrauer Ehrenpreis (*Veronica spicata* ssp. *incana*)

Vermitteln einen Hauch von Zartheit und Entrücktheit: graulaubige Stauden und rosa Rosen.

Das Zusammenspiel von Kräutern und Rosen hat sich nicht nur aus optischen Gründen bewährt. Lavendel soll der »Königin der Blumen« Blattläuse fernhalten.

bewährtes Team mit den Alten Rosen. Nuancierte Blattfarben und Formen von grau und großlaubig wie der Salbei bis dunkelgrün und nadelförmig wie der Rosmarin oder grasähnlich wie der Schnittlauch untermalen die nostalgischen Rosen perfekt. Außerdem heißt es, ihr Aroma halte Krankheiten und Schädlinge fern und fördere die Gesundheit der Rosen. Knoblauch und Lavendel sagt man in dieser Hinsicht wahre Wunderkräfte nach.

Die meisten Kräuter lassen sich an einem kühlen, trockenen Platz, hervorragend trocknen und sich sowohl in der Küche als auch zusammen mit Rosenblütenblättern in Duftpotpourris verwenden.

Formen konterkarieren

Wuchshöhe, Verzweigungsart, Blattgröße und -umriss sind Faktoren, die die Ausstrahlung einer gemischten Pflanzung sehr wesentlich beeinflussen. Dabei erzeugen ähnliche Strukturen Harmonie, im negativen Fall aber auch Langeweile. Gegensätzliche hingegen sorgen für Spannung.

Gräser

Sie sind geprägt von einer klaren, senkrechten Struktur und ergänzen Rosen auf ideale Weise. Mit ihren schmalen Blättern zaubern sie ausdrucksstarke Silhouetten in die Rabatte. Niedrige Arten fassen Beetränder ein; hierzu eignen sich beispielsweise Blauschwingel (*Festuca cinerea*), Japan-Segge

(*Carex morrowii* 'Variegata') oder Schneemarbel (*Luzula nivea*). Höhere Gräser bringen mit ihrer herbstlichen Blüte noch einmal Glanz in die Pflan-

Die grün-roten Halme der Rutenhirse greifen das Farbspiel der Grünen Rose ('Viridiflora') perfekt auf.

Lang gestreckte Blütenformen, wie die Kerzen des Fingerhuts, stehen in spannungs-
reichem Kontrast zu den rundlichen Blüten der Alten Rosen.

auf einen blick

- Alte Rosen sind eine Bereicherung für jeden Garten und bilden solo sowie in Kombination mit Stauden, Gehölzen oder einjährigen Sommerblumen immer einen herrlichen Blickfang.
- Wegen ihres zauberhaften Duftes sollte man sie immer in Nasennähe platzieren: bei der Terrasse, in Fensternähe oder am Rand häufig begangener Wege.
- Viele Alte Rosen setzen im Herbst wunderschönen Hagebuttenschmuck an.
- Mit Alten Strauchrosen lassen sich pflegeleichte und dekorative Hecken gestalten, die jeden Zaun überflüssig machen.
- Unterstützt von Klettergerüsten, können Alte Rosen eine nostalgisch anmutende Berankung abgeben, egal, ob an der Hauswand oder am romantischen Rosenbogen. Ramblerrosen erklimmen auch alte Bäume – ein überwältigender Blickfang.
- Kleinere (sowie frostempfindliche) Sorten eignen sich hervorragend zur Kübelkultur und sind damit auch mobil.
- Versäumen Sie nicht, Alte Rosen als Schnittblumen zu genießen. Anders als Teehybrinen werden sie in der Vase mit dem Aufblühen von Tag zu Tag schöner!

zung, wenn die Alten Rosen längst verblüht sind. Empfehlenswert sind folgende Arten: Silberährengras *(Achnatherum calamagrostis)*, Lampenputzgras *(Pennisetum alopecuroides)*, Rutenhirse *(Panicum virgatum)* sowie die Riesen Chinaschilf *(Miscanthus sinensis)* und Pfeifengras *(Molinia arundinacea)*.

Blütensilhouetten

Neben Wuchs- und Blattformen sorgen auch die Blütensilhouetten für eine bestimmte Dramaturgie. Neben den runden, ja oft kugeligen Umrissen der alten Rosenblüten erzeugen lang gestreckte schlanke Blütenstände bei Begleitstauden einen spannungsreichen Kontrast. Zu nennen wären hier zum Beispiel die Kerzen von Fingerhut, Eisenhut, Rittersporn, Königskerze, Lupine oder Steppenkerze.
Undifferenziert, mehr wie eine schleierhafte Untermalung wirken dagegen die filigranen Blütenwolken von Frauenmantel, Strandflieder, Dreiblattspiere, Steinquendel oder Schleierkraut.

Praxistipps für Alte Rosen

Der beste Garant für üppiges, gesundes Wachstum ist der richtige Standort. Wenn diese Voraussetzung stimmt, erweisen sich Alte Rosen als relativ pflegeleicht. Hier dennoch einige Hinweise zum richtigen Umgang mit Historischen Rosen.

Einkauf

Alte Sorten sind keine Massenware. Man erhält sie in der Regel nicht im nächsten Gartencenter. Selbst Rosenbaumschulen führen oft nur eine kleine Auswahl an Historischen Rosen. Gewöhnlich sind es reine Spezialbetriebe, die sich der Erhaltung der traditionsreichen Varietäten verschrieben haben. Der Vorteil: Diese Spezialisten sind durchweg hochqualifizierte Fachgärtnereien, die verlässlich gute Qualität liefern. Im Anhang finden Interessierte eine Reihe von Rosengärtnereien, die Alte Rosen führen und bundesweit versenden. Es empfiehlt sich, Bestellungen beizeiten aufzugeben, da es während der Hauptpflanzzeiten durchaus zu Engpässen kommen kann.

Rosen werden in zwei Güteklassen gehandelt. Verkaufsfertige Ware der **Güteklasse A** weist ein gut verzweigtes Wurzelwerk auf sowie drei kräftige Triebe. Zwei davon müssen an der Veredlungsstelle entspringen. Rosen der **Güteklasse B** müssen nur zwei Triebe vorweisen. In jedem Fall sollten die Triebe grün, glatt und prall wirken. Sie dürfen keine Bruchstellen oder Beschädigungen zeigen. Das Wurzelwerk sollte frisch aussehen. Rosen werden in der Regel wurzelnackt geliefert, das heißt ohne Erdballen. In diesem Zustand können sie nur im Herbst oder Frühjahr gepflanzt werden. Es gibt jedoch auch Containerware, die rund um das Jahr in den Garten umgesetzt werden kann. Diese Rosen werden im Kunststofftopf, im Kunststoffbeutel oder in einem Karton mit Erdballen verschickt.

So sehen verkaufsfertige Rosenpflanzen aus: oben Güteklasse A, unten Güteklasse B.

◀ Alte Rosensorten sind wesentlich pflegeleichter als ihre modernen Schwestern. Ein gelegentlicher Verjüngungsschnitt tut ihnen jedoch gut.

Standort

Wachstum, Blütenreichtum und Entwicklung einer Rose hängen maßgeblich von der richtigen Standortwahl ab. Er muss die Ansprüche der ausgewählten Sorte erfüllen. Oder umgekehrt: Habe ich einen bestimmten Platz zu bieten, muss ich eine geeignete Sorte wählen. Die Vorlieben einzelner Varietäten können sich nach Herkunft und

Der richtige Standort entscheidet: Mauern bieten Windschutz und Wärme für emp-findliche Sorten. Doch Vorsicht: zu viel Hitze, z. B. vor Südwänden, schadet.

eine windbrechende Hecke oder eine Hanglage bietet, an der Kaltluft schnell abfließt. Sosehr Rosen extreme Kälte und scharfe Winde scheuen, extreme Hitze schadet ihnen mindestens ebenso. Zwar lieben sie die Sonne, aufgestaute hohe Temperaturen, wie sie häufig vor Südwänden oder in windstillen Ecken herrschen, bekommen ihnen jedoch gar nicht. Sie verursachen Blattverbrennungen und erhöhen die Anfälligkeit für Schädlinge, Mehltau und andere Pilzkrankheiten. Ideal ist ein sonniges Plätzchen mit milder Luftbewegung! Manchen Sorten genügt auch ein halbschattiger Standort.

Stammbaum recht gravierend unterscheiden. Während manche, vor allem Alba-Rosen, noch in rauen Höhenlagen gedeihen (siehe Kasten), kommt eine 'Maréchal Niel' bei uns kaum ohne Gewächshaus aus. Im Portraitteil finden Sie Hinweise auf individuelle Vorlieben. Dennoch gibt es einige allgemeine Anforderungen, die ein Platz für Rosen erfüllen muss.

Klima

Das mitteleuropäische Klima bereitet den alten, einmal-blühenden Sorten in der Regel keine Probleme. Sie haben sich über die Jahrhunderte optimal an die Verhältnisse angepasst. Problematischer sind Varietäten, in deren Stammbaum China-rosen auftauchen. Sie reagieren empfindlicher auf Kälte. Einige Sorten sollte man nur in Wein-bauregionen pflanzen. Anderen genügt ein geschütztes Klein-klima, wie es etwa ein Innenhof,

Alte Rosen für raue Lagen

- 'Frau Karl Druschki'
- 'Mrs. John Laing'
- 'Scharlachglut'
- 'Zéphirine Drouhin'

Alte Rosen für halbschattige Standorte

- 'Boule de Neige'
- 'Camaieux'
- 'Célestial'
- 'Charles de Mills'
- 'Commandant Beaurepaire'
- 'Coupe de Hebe'
- 'Louise Odier'
- 'Mme Alfred Carrière'
- 'Mme Hardy'
- 'Mme Lauriol de Barny'
- 'Souvenir du Docteur Jamain'
- 'Tour de Malakoff'

Boden

Das Erdreich sollte tiefgründig, locker und nährstoffreich sein, mit einem guten Humusanteil. Der pH-Wert liegt idealerweise zwischen 6 und 7, also im schwach sauren bis neutralen Bereich. Gute Belüftung und schneller Wasserabzug sind gefragt, denn Rosenwurzeln brauchen Luft und verabscheuen Staunässe.

Schwere Böden sollte man vor der Pflanzung durch Zumischen von Sand oder Perlite durchlässiger machen, notfalls eine Drainageschicht aus Kies einziehen.

Reine Sandböden lassen sich mit organischem Material wie Kompost oder Mist verbessern. Das Untermischen von Bentonit, einem Gesteinsmehl, erhöht die Bindigkeit.

Rosen sind Tiefwurzler, dieser Eigenschaft muss der Standort Rechnung tragen. Die Wurzeln müssen bis mindestens ein Meter Tiefe lockere Erde vorfinden, um sich ungehindert ausbreiten zu können. Besonders in Neubaugebieten befinden sich oft verdichtete Bodenschichten in geringen Tiefen, die für das Rosenwachstum wie eine Barriere wirken können. Sie müssen vor der Pflanzung unbedingt aufgebrochen werden.

Bodenmüdigkeit ist ein spezifisches Rosenphänomen, das noch nicht völlig erforscht ist. Pflanzt man Rosen an eine Stelle, wo zuvor bereits Rosen standen, führt dies zu Kümmerwuchs und möglicherweise sogar zum Absterben der Pflanzen. Als Ursache vermutet man Wurzelausscheidungen und einseitigen Nährstoffentzug, die die Bodenverhältnisse verändern. Möchte man dennoch an genau der gleichen Stelle eine Rose neu pflanzen, muss der Boden ausgetauscht werden. Dazu hebt man ein Loch von mindestens 70 mal 70 Zenti-

Ohne selbst ins Schwitzen zu kommen, lassen sich tiefere Erdschichten mit tief wurzelnden Gründüngerpflanzen wie Inkarnatklee, Steinklee oder Luzerne lockern und belüften. Diese Stickstoffsammler, die gleichzeitig natürlichen Dünger darstellen, im Sommer bis spätestens September einsäen, im Frühjahr mähen und einarbeiten.

meter aus und befüllt es mit einer Mischung aus frischer Erde und Kompost neu. In diesem Substrat hat eine neue Rose viel Aussicht auf Erfolg.

Kompost ergibt einen hervorragenden organischen Rosendünger. Außerdem verbessert er in Sandböden den Wasser- und Nährstoffhaushalt.

Richtig Pflanzen

Containerrosen können während des ganzen Jahres in frostfreie Erde gepflanzt werden. Die beste Pflanzzeit für wurzelnackte Rosen liegt zwischen Mitte Oktober und den ersten Frösten. Das lässt dem Strauch im noch warmen Boden ausreichend Zeit, um Wurzeln zu treiben. Man kann aber auch noch im zeitigen Frühjahr pflanzen, sobald der Boden nicht mehr gefroren ist. Auf schweren Böden oder in kalten Lagen kann dies sogar von Vorteil sein.

Wurzelnackte Pflanzen muss man sofort nach der Ankunft auspacken. Kann die Pflanzung nicht gleich erfolgen, sollte man die Wurzeln in einem Eimer mit feuchtem Sand oder feuchter Erde einschlagen, damit sie nicht antrocknen. Vor dem Pflanzen die oberirdischen Triebe auf circa 20 bis 30 cm einkürzen, verletzte oder geknickte Wurzeln kurz oberhalb der Schadstelle abschneiden, gesunde auf 20 bis 25 cm reduzieren. Die Rosen anschließend für mehrere Stunden (mindestens zwei bis drei) in einen Eimer

Wurzelnackte Ware vor dem Einpflanzen für mehrere Stunden ausgiebig wässern.

oder eine Wanne mit Wasser legen. Dabei sollten nicht nur die Wurzeln, sondern möglichst auch die Triebe mit Wasser bedeckt sein.

Das Pflanzloch wird etwa 40 mal 40 Zentimeter breit und ebenso tief ausgehoben. Zwischen Wurzeln und festem Boden sollte ungefähr eine Handbreite Platz bleiben. Die ausgegrabene Erde zu einem Drittel mit gut verrottetem Kompost verbessern und wieder anfüllen.

Die Veredlungsstelle soll fünf Zentimeter unter der Oberfläche zu liegen kommen. Schließlich die Erde fest antreten, einen kleinen Gießrand stehen lassen und kräftig wässern. Zuletzt die Rosen mit normaler Erde anhäufeln, bis nur noch die Triebspitzen herausschauen.

Rosen in Containern können das ganze Jahr über gepflanzt werden. Vorteil: Man kann die Blütenfarben sehen, bevor man eine Auswahl trifft.

Das Pflanzloch großzügig ausheben. Zwischen Wurzel und Boden sollte noch eine Handbreite passen.

Darauf achten, dass sich die Veredlungsstelle zuletzt etwa fünf Zentimeter unter der Oberfläche befindet.

Nach dem Anschütten und Festtreten der Erde den Wurzelraum mit dickem Strahl gut einschlämmen.

Kletterrosen pflanzt man nach demselben Verfahren. Man setzt sie jedoch leicht schräg ein, mit den Trieben in Richtung Kletterhilfe geneigt. Sie sollten etwa 20 Zentimeter Abstand dazu haben.

Damit die Richtung stimmt, sollte man Kletterrosen leicht gegen die Rankhilfe geneigt einsetzen.

Gute Pflege

Für eine offene, lockere und unkrautfreie Pflanzscheibe rund um ihren Fuß ist jede Rose dankbar. Deshalb sollte man gelegentlich oberflächlich hacken. Eine Alternative dazu bietet eine dünne Mulchschicht. Sie verhindert das Auflaufen von Unkräutern und hält die Feuchtigkeit länger im Boden.

Wässern

Rosen sind Tiefwurzler und können auch niederschlagsarme Perioden unbeschadet überstehen. Wässern wird also erst bei wirklich anhaltenden Trockenphasen notwendig. Dann gilt der Grundsatz: selten aber reichlich! Entschließt man sich zum

Gießen, sollte man mindestens 40 bis 50 Liter pro Quadratmeter ausbringen, damit das Wasser auch in tiefere Schichten vordringt. Am besten legt man den Gartenschlauch an die Pflanze. Niemals von oben beregnen: Nasses Laub ist anfällig für Krankheiten.

Düngen

Die beste Starthilfe zur Pflanzung ist, wie beschrieben, die Bodenverbesserung mit Kompost. Sie versorgt die Rosen zunächst mit allem, was sie brauchen. Auch in den Folgejahren tut eine gute Kompostgabe zum Austrieb den Alten Rosen gut. Jede weitere Düngung sollte nur nach vorheriger Bodenanalyse erfolgen. Bodenunter-

Ob organische oder mineralische Präparate: Gezieltes Düngen erfordert eine vorherige Bodenanalyse.

suchungslabors führen diese Tests gegen geringe Gebühr auch für Hobbygärtner durch. Ergibt sich ein Nährstoffmangel, kann man ihn gezielt beheben. Von der Verwendung von Volldüngern sollte man absehen. Sie bestehen aus den Hauptnährstoffen Stickstoff (N), Kalium (K) und Phosphor (P) sowie verschiedenen geringer dosierten Mineralien. Alle Gartenböden sind hierzulande jedoch ausreichend bis überreichlich mit Phosphor versorgt. Es macht folglich wenig Sinn, diesen Nährstoff zusätzlich zu düngen.

Stickstoff braucht die Pflanze vor allem zum Wachsen, für den Aufbau von Grünmasse. Er kann über Kompost, gut abgelagerten Stallmist oder Hornspäne zugeführt werden. Bei akutem Mangel sorgen schnell fließende Mineraldünger für rasche Hilfe. Doch egal in welcher Form:

Stickstoffhaltige Dünger dürfen nach Anfang Juli keinesfalls mehr ausgebracht werden. Sie gefährden das Ausreifen des Holzes und machen die Rose auf diese Weise frostempfindlich. Eine Überversorgung erhöht außerdem die Krankheitsanfälligkeit, weil die Rose dann mastiges, weiches Laub produziert.

Kalium reguliert den Wasserhaushalt und den Stoffwechsel der Rosen. Eine gute K-Versorgung erhöht die Frostreife und die Widerstandsfähigkeit gegenüber Sternrußtau. Auch für Blütenansatz und die Fruchtentwicklung spielt Kalium eine Rolle. Dennoch sollte man auch hier mittels Bodenanalyse den Bedarf klären. Patenkali kann Mangelsituationen beheben. Daneben erfüllen Magnesium und Kalzium wichtige Funktionen im Pflanzenorganismus. Ihr Anteil im Boden wird deshalb bei Bodenanalysen in der Regel mitbestimmt.

Organische Dünger

Sie haben den Vorteil, dass sie im Boden erst durch Mikroorganismen aufgeschlossen werden müssen und dadurch den Rosen nur nach und nach zur Verfügung stehen. Sie fließen langsam, wie der Fachmann sich ausdrückt, und das bekommt

Pflanze, Boden und Umwelt gut, weil es auch die Gefahr der Auswaschung überschüssiger Nährstoffe in den Untergrund verringert. Zu den organischen Düngern zählen Kompost und Stallmist ebenso wie Hornspäne oder Guano.

Mineralische Dünger

Akute Mängel an einzelnen Nährstoffen können durch Mineraldünger schneller behoben werden. Er löst sich sofort im Bodenwasser und steht den Pflanzen daher rasch zur Verfügung. Da es sich um Nährstoffkonzentrate handelt, ist eine exakte, bedarfsgerechte Dosierung allerdings unabdingbar. Ein schockartiges Überangebot an Salzen im Bodenwasser kann

Hornspäne gehören zu den organischen Stickstoffdüngern, die langsam freigesetzt werden.

die Pflanzenwurzeln und vor allem die Mikroorganismen im Boden schädigen. Außerdem besteht die Gefahr, dass diese gelösten Nährstoffe bei hohen Niederschlägen ins Grundwasser ausgewaschen werden, ehe die Pflanze sie aufnehmen kann.

Rosendünger

Der Fachhandel bietet fertige Rosendünger an. Dabei handelt es sich meist um Mehrnährstoffdünger mit mineralischen und organischen Komponenten in einer Zusammensetzung, die dem spezifischen Bedarf der Rosen entspricht. Auch sie sollte man nur nach vorheriger Bodenprobe einsetzen.

Schnitt

Nichts ist so verwirrend wie die Literatur zum Rosenschnitt. Wer mit Alten Rosen zu tun hat, sollte sich davon nicht verunsichern lassen. Selbst wer gar nicht schneidet, wird an den Sträuchern lange Freude haben. Dennoch fördern Schnittmaßnahmen einen harmonischen Wuchs und reichlichen Blütenansatz. Deshalb lohnt es sich durchaus, sich kurz damit zu befassen und gelegentlich, wenigstens alle drei bis vier Jahre, einmal zur Schere zu greifen.

Rosenschnitt ist ein Thema, das viele Anfänger verunsichert. Besonders die einmal blühenden Alten Sorten sind jedoch sehr einfach zu pflegen.

Einmal blühende Strauchrosen bilden ihre Blüten am zweijährigen Holz aus. Das heißt, schneidet man die Triebe im Frühjahr zurück, wie dies bei den Modernen Sorten üblich ist, beraubt man den Strauch seiner Blüten. Man beschränkt sich bei diesen Rosen folglich auf das Entfernen kranker und verletzter Triebe und schneidet nur alle vier Jahre einen alten Trieb an der Basis ab, um die Pflanze laufend zu verjüngen. Vergreisen die Sträucher dennoch nach mehreren Jahren, verkraften sie auch einen stärkeren Verjüngungsschnitt im Frühjahr. Einzelne zu lang gewordene Triebe kürzt man nach der Blüte im Sommer.

Abgeblühte Blütenstände dürfen an diesen Sorten hängen bleiben, dann zieren herrliche Hagebutten die Sträucher im Herbst. Für **einmal blühende Kletterrosen** gilt Ähnliches. Junge Exemplare lässt man zunächst einige Jahre gedeihen, ohne mit der Schere einzugreifen. Ältere Exemplare schneidet man, wenn nötig, nach der Blüte. Dazu kürzt man die blütentragenden Seitentriebe auf wenige Augen ein.

Remontierende und öfter blühende Alte Strauchrosen tragen auch an diesjährigen, jungen Trieben Blüten. Sie kürzt man im Frühjahr vor dem Austrieb

Der richtige Schnitt setzt stets direkt über einem Auge an und wird leicht schräg ausgeführt.

Bei remontierenden und öfter blühenden Sorten empfiehlt es sich, Verblühtes zu entfernen.

Öfter blühende Rosen vor dem Austrieb um gut ein Drittel einkürzen und verletzte Triebe entfernen.

um rund ein Drittel ein, schwache Triebe auch um zwei Drittel. Hier gilt der Grundsatz: Ein starker Schnitt verursacht starken Austrieb, schwacher Schnitt schwachen Austrieb! Zusätzlich nimmt man beim Frühjahrsschnitt alte, zurückgefrorene und verletzte Zweige heraus. Im Sommer schneidet man die verblühten Blütenbüschel auf das nächste kräftige Auge zurück. Auch **öfter blühende Kletterrosen** schneidet man die ersten Jahre gar nicht. Danach entfernt man im Frühjahr totes und beschädigtes Holz. Nach der Blüte reduziert man kräftige Seitentriebe auf drei bis fünf Augen und knipst Verblühtes ab.

Für den Schnitt sollte man immer einen trockenen Tag wählen. Nasses Wetter erhöht das Infektionsrisiko. Unbedingt sauberes, scharfes Werkzeug verwenden. Triebe sollten immer leicht schräg angeschnitten werden, etwa einen halben Zentimeter oberhalb eines gut entwickelten Auges. Man sollte auch aus dem Boden sprießende Neutriebe kontrollieren. **Wildtriebe** gilt es sofort zu entfernen. Sie treiben aus der Unterlage und entsprechen nicht der aufveredelten Sorte. Man erkennt sie an der meist helleren Farbe und dem kräftigen Wuchs.

Winterschutz

Die Mehrzahl der Alten Rosen ist ausgesprochen frosthart. Dennoch sollte man ihren Fuß im Winter anhäufeln, allerdings nicht vor Ende November/Anfang Dezember. Dazu häuft man Erde oder Gartenkompost etwa 20 bis 30 Zentimeter hoch locker an. Diese Maßnahme schützt den Wurzelhals und die empfindliche Veredlungsstelle (die fünf Zentimeter unter der Bodenoberfläche liegen sollte) vor Frösten.

In sehr kalten Lagen oder bei empfindlicheren Sorten kann es notwendig werden, auch die oberirdischen Teile der Kletter- und Strauchrosen zu schützen. Dazu verpackt man die Triebe in Jute oder deckt sie mit Sackleinen oder Nadelreisig ab, das man locker festbindet. Kletterrosen darf man getrost mitsamt Rosenbogen verschnüren. Strauchrosen lassen sich auch mit Strohmatten oder Hasendraht umstellen. Diese Zylinder füllt man dann mit Laub auf. Diese Schutzmaßnahmen dienen weniger der Frostabwehr. Vielmehr soll die Wintersonne von den Trieben ferngehalten werden. Schwere Schäden entstehen nämlich vor allem durch den heftigen Temperaturwechsel von starker Sonnenbestrahlung bei Tag und Frösten bei Nacht.

Als Winterschutz genügt das Anhäufeln der Fußes, um die Veredlungsstelle vor Frost zu schützen.

Rosengesundheit

Entscheidend dafür, ob eine Rose krank wird oder nicht, sind letztlich immer der Gesundheitszustand des einzelnen Exemplars sowie der Befallsdruck. Letzterer wiederum hängt stark von jährlich schwankenden Witterungseinflüssen und der Umgebung der Rose ab. Am Wetter lässt sich wenig ändern. Für die Gesundheit der Pflanzen aber kann man einiges tun.

Vorbeugen

Der richtige Standort – in aller Regel ein sonniger, luftiger Platz auf lockerem, offenem Boden – dient einer gesunden Entwicklung und stärkt die Widerstandskräfte aller Rosen. Bei anfälligen Sorten sollte man auf reichliche Stickstoffgaben verzichten; die Pflanze produziert dann viel weiche Blattmasse, die besonders empfindlich reagiert. Gesteinsmehl- und Algenkalkgaben sollen die allgemeine Widerstandskraft steigern. Eine Stärkung bewirkt auch das Gießen mit Schachtelhalm-, Beinwell- und Brennnesselbrühe.

Nützlinge unterstützen

Bietet man der heimischen Tierwelt günstige Lebensbedingun-

Marienkäfer und vor allem ihre Larven sind wirkungsvolle Blattlausvertilger.

gen im Garten, erweist man auch der Gesundheit der Pflanzen einen großen Gefallen. Vögel, Käfer, Spinnen leisten nämlich einen wertvollen Beitrag zur Schädlingsbekämpfung. Marienkäfer und Florfliegenlarven sind Blattlausvertilger par exellence. Schwebfliegen und Schlupfwespen leben ebenfalls von anderen Schadinsekten. Auf lange Sicht ist es oft wirkungsvoller, Nützlinge zu fördern, als chemisch einzugreifen.

Der Echte Mehltau überzieht Triebspitzen und Blätter mit einem unschönen weißen Belag.

Jeder Rosenfan kennt die Symptome des Sternrußtaus, der leider häufigsten Rosenkrankheit.

Krankheiten

Echter Mehltau

Er gehört zu den Pilzkrankheiten, die Rosen gelegentlich befallen. Man erkennt ihn an einem weißen, mehlig wirkenden Belag der Blätter und Triebspitzen, der manchmal sogar die Blütenblätter überzieht. Bei starkem Befall rollt sich auch das Laub gelegentlich ein. Sehr trockenes, heißes Wetter tagsüber und feuchte, taureiche kühle Nächte leisten dem Mehltau Vorschub. Aus diesem Grunde tritt er meist erst im Spätsommer auf. Ein Auslichtungsschnitt, der für eine bessere Luftzirkulation sorgt, kann der weiteren Ausbreitung dann entgegenwirken. Schneiden Sie im Herbst erkrankte Triebe zurück. Die Erreger können im Falllaub überwintern, deshalb müssen befallene Pflanzenteile beseitigt und vernichtet werden. Entfernte erkrankte Teile nie auf den Kompost geben!

Sternrußtau

Die wohl verbreitetste Krankheit unter Rosen! Auch sie wird von Pilzen verursacht und tritt vor allem bei feuchter Witterung gegen Ende der Vegetationsperiode auf. Zunächst zeigen sich auf den Blattoberseiten braune bis schwarz-violette unregelmäßige Flecken. Die erkrankten Blätter vergilben mit der Zeit und fallen ab. Bei sehr starkem Befall kann Sternrußtau zur völligen Entlaubung der Pflanze führen! Da sie in diesem Fall kaum noch assimilieren kann, geht die Rose stark geschwächt in den Winter und Folgeschäden ziehen sich bis in die nächste Saison hinein. Auch das Holz junger Triebe kann befallen werden. Wie bei anderen Pilzkrankheiten gilt es auch hier, alle entfernten und abgefallenen Pflanzenteile vor dem Winter vom Boden zu entfernen und zu vernichten, denn die Erreger können problemlos auf Blättern und Knospen überwintern. Ein einziges Blatt trägt Millionen von Sporen, die neue Infektionen auslösen können.

Beste **Vorbeugung:** Schattige und feuchte Standorte von vornherein meiden. Eine gute Belüftung sicherstellen, damit das Laub stets schnell abtrocknen kann. Gießwasser nie »über Kopf« geben, sondern direkt in den Wurzelbereich. Lieber früh morgens als spät am Abend wässern. Nachts sollte das Laub unbedingt trocken sein.

Rosenrost

Ebenfalls eine Pilzerkrankung. Sie macht sich im Sommer durch

gelbe oder orangefarbene bis bräunliche Flecken auf der Blattoberseite bemerkbar. Auf den Unterseiten zeigen sich zunächst gelbe, im Herbst schwarze Sporen verstäubende Pusteln. Die Blätter fallen schließlich ab. Auch diese Krankheit wird durch kühles, feuchtes Wetter begünstigt. Sie breitet sich sehr schnell aus. Die Erreger werden über den Wind weitergetragen und können in abgefallenen Blättern und infizierten Trieben überwintern. Deshalb befallene Teile ausschneiden und durch weitere Schnittmaßnahmen für eine gute Durchlüftung des Strauches sorgen.

Beim Blattlausbefall kommt es auf die Dichte an: Kleine Kolonien kann man abstreifen oder ignorieren, große Massen mit Schmierseife bekämpfen.

Rosenrost zählt zu den Pilzkrankheiten und wird durch feuchtes, kühles Wetter begünstigt.

Schädlinge

Neben Pilzerkrankungen gibt es auch einige Schädlinge, die zu Problemen führen können.

Blattläuse

Blattläuse lieben Rosen fast so sehr wie der Mensch. Sie gehören zu den häufigsten ungebetenen Gästen an Rosen. Es gibt unterschiedliche, teilweise geflügelte Arten, die die Rose als Wirt benutzen. Meist sind sie grün oder gelblich, gelegentlich auch rot. Stecknadelkopfgroß sitzen sie am liebsten an jungen, saftigen Triebspitzen und Blättern, um sich saugend von den Pflanzensäften zu ernähren. Dort legen sie auch ihre Eier ab.

Sie treten vor allem im Frühling und Frühsommer auf. Solange es bei einigen Exemplaren bleibt, kann man sie getrost ignorieren. Sie fügen der Rose keinen Schaden zu und wandern später auch gern auf andere Wirte ab. Bei überschaubarem Befall kann man kleine Kolonien auch mit den Fingern abstreifen. Anhaltend trocken-warmes Wetter beschleunigt jedoch ihre

Bei häufiger Verwendung des gleichen Pflanzenschutzmittels kann es zu einer Anpassung der Schädlinge und Erreger kommen. Die Mittel lassen dann in ihrer Wirkung nach!

Spinnmilben werden durch Hitze und Trockenheit begünstigt. Meist sieht man nur ihre feinen Gespinste.

Solche Laub-Zigarren gehen auf das Konto der Blattrollwespe. Es genügt, sie beizeiten abzuzwicken.

Vermehrungsrate. Sie können dann zeitweise in großen Mengen auftreten. Die rege Saugtätigkeit an den Blattunterseiten führt dann zum Zusammenrollen und Kräuseln der Blätter. Wen dies stört, der kann durch Abspritzen der befallen Triebspitzen mit scharfem Wasserstrahl oder mit Schmierseifenlösung Abhilfe schaffen. Auf Stickstoffdüngergaben sollte man in diesem Fall verzichten. Probieren Sie lieber eine Unterpflanzung mit Lavendel aus, das soll Blattläuse abschrecken. Darüber hinaus wirkt sich eine nützlingsschonende Wirtschaftsweise positiv aus. Denn die Larven von Marienkäfer, Flor- und Schwebfliegen ernähren sich gerne von Blattläusen und reduzieren sie auf natürliche Weise.

Spinnmilben (Rote Spinne)

Sie treten vor allem bei heißem, trockenem Wetter oder an Kletterrosen vor hitzestauenden Südwänden auf. Die weiblichen roten Tierchen überwintern und sind so winzig, dass man ihr Vorhandensein meist erst an den feinen Gespinsten erkennt, die die Blattunterseiten überziehen. Oberseits zeigen sich gelbe Sprenkel. In fortgeschrittenem Stadium verfärben sich die Blätter bräunlich und fallen schließlich ab. Befallene Triebe beizeiten ausschneiden und vernichten. Für gute Wasserzufuhr sorgen.

Rosenblattrollwespe

Sie wickelt Rosenlaub zu schmalen »Zigarren« auf. Die Wespe selbst ist nur drei bis vier Millimeter klein und fällt kaum auf. Sie legt jedoch von Ende April bis Anfang Juni Eier in die Blattränder ab. Diese schwellen daraufhin an und rollen sich nach unten ein. In dieser Höhle entwickeln sich bis zu neun Millimeter lange grünliche Larven, die das Blattgewebe verzehren. So stirbt das Laub schließlich ab. Die Larven fallen ab Juli zu Boden, spinnen sich in einen Kokon und verpuppen sich darin im Frühjahr. Auch wenn die Symptome dramatisch wirken, genügt es, befallene Blätter möglichst frühzeitig abzuzwicken und zu entsorgen.

Chemischer Pflanzenschutz

Selbstverständlich gibt es für die meisten der beschriebenen Krankheitsbilder und Schaderreger entsprechende chemische Pflanzenschutzmittel. Fungizide bekämpfen Pilzkrankheiten, und Pestizide töten tierische Schädlinge ab. Unterschiedliche Hersteller vertreiben verschiedene Mittel für den gleichen Zweck. Hier werden bewusst keine einzelnen Präparate empfohlen, und zwar aus zwei Gründen: Zum einen dürfen diese Spritzmittel nach dem Pflanzenschutzgesetz ohnehin nur nach eingehender Beratung durch gesondert geschultes Personal im Fachhandel abgegeben werden. Zum anderen gilt es, gut zu überlegen, ob ihr Einsatz wirklich bei jedem Befall notwendig ist. Besonders tierische »Schaderreger« verursachen in überschaubarer Anzahl keine wirklichen Schäden. Solange die Besiedelungsdichte im Rahmen bleibt, regelt sich das Problem oft nach einiger Zeit von allein, da sich ein natürliches Gleichgewicht von Nützlingen und Schädlingen einstellt. Umgekehrt vernichtet man mit Spritzmitteln oft auch ausgesprochen nützliche und willkommene Kleinstlebewesen, deren Fehlen sich dann für das ganze System negativ auswirkt.

Ein gesunder Rosengarten entwickelt sich, wenn Standortbedingungen und das natürliche Gleichgewicht von Nutz- und Schadinsekten stimmen.

auf einen blick

- Alte Rosen kauft man am besten in einem Fachbetrieb, der sich auf diese Sorten spezialisiert hat. Die meisten bieten Versand an.
- Der passende Standort ist die wichtigste Voraussetzung für eine gesunde Rose. Er sollte sonnig sein und tiefgründigen, nährstoffreichen Boden aufweisen.
- Containerware kann das ganze Jahr über gesetzt werden, wurzelnackte Rosen pflanzt man im Spätherbst oder Frühjahr.
- Wer Rosen an einer Stelle neu pflanzen will, wo bereits früher Rosen standen, muss den Boden austauschen.
- Kompost ist ein guter Rosendünger. Alle weiteren Nährstoffgaben nur gezielt nach einer Bodenanalyse ausbringen.
- Alte Rosen brauchen wenig Schnitt. Eine Auslichtung und Verjüngung alle drei bis vier Jahre genügt.
- Ein luftiger Standort und das gezielte Fördern von Nützlingen ist die beste Krankheitsvorbeugung. Befallene Pflanzenteile frühzeitig entfernen und vernichten.
- Tierische Schaderreger verschwinden oft von alleine wieder, solange es noch natürliche Feinde im Garten gibt. Chemische Pflanzenschutzmittel stören dieses Gleichgewicht.

Bezugsquellen und Adressen

Bezugsquellen für Alte Rosen

Rosen Jensen
Am Schloßpark 2b
24960 Glücksburg
Tel.: 04631/6010-0
www.rosenjensen.de

Karl Zundel Rosenkulturen
Wartburger Str. 2
34246 Vellmar
Tel.: 0561/821582
www.rosen-zundel.de

Rosenhof Schultheis
61231 Bad Nauheim-Steinfurth
Tel.: 06032/81013
www.rosenhof-schultheis.de

Lacon GmbH
J.-S.-Piazolo Str. 4a
68766 Hockenheim
Tel.: 06205/4001 oder 7033
www.lacon-rosen.de

Baumschule Goos
Wieslocher Str. 26
69168 Wiesloch-Baiertal
Tel.: 06222/73434

Rosengärtnerei Kalbus
Hagenhausener Hauptstr. 112
90518 Altdorf / Hagenhausen
Tel.: 09187/5729
www.rosen-kalbus.de

David Austin Roses
Bowling Green Lane
Albrighton
GB Wolverhampton
WV7 3HB
Tel.: (gebührenfrei):
0800/7777 6737
oder 0044/1902/376371
www.davidaustinroses.com

Vereine

Verein Deutscher
Rosenfreunde e.V. (VDR)
Waldseestr. 4
76530 Baden-Baden

Sehenswerte Rosengärten in Deutschland

Europa-Rosarium Sangerhausen
Größte Rosensammlung der Welt
Steinberger Weg 3
06526 Sangerhausen
Tel.: 03464/572522
www.europa-rosarium.de

Rosarium Glücksburg
Schaugarten der Rosenschule Jensen,
direkt neben dem Wasserschloss.
Enthält viele Alte und Englische
Rosen mit Stauden kombiniert
24960 Glücksburg
www.rosenjensen.de

Rosengarten Klein Offenseth-Sparrieshoop
Schauanlage der Rosenschule
Kordes nahe Elmshorn
Rosenstr. 54
25365 Klein Offenseth-Sparrieshoop
Tel.: 04121/4870-0
www.kordes-rosen.com

Rosarium Uetersen
Abwechslungsreiche Parkanlage
mitten in Uetersen mit über
30 000 Rosen
25436 Uetersen
www.stadt-uetersen.de

Bergpark Wilhelmhöhe Kassel
Historische Rosensammlung,
die Geschichte der Strauchrosen
ist hier aufgepflanzt
34117 Kassel
www.kassel.de

Deutsches Rosarium Dortmund
Im Westfalenpark
44139 Dortmund
Tel.: 0231/5026116
www.dortmund.de/westfalenpark

Palmengarten in Frankfurt
Enthält unter anderem auch
zahlreiche Englische Rosen
Siesmayerstr. 61
60323 Frankfurt/Main
www.stadt-frankfurt.de/Palmengarten

Bad-Nauheim-Steinfurth
Schaugarten der Rosen-Union
Steinfurter Hauptstr. 25
61231 Bad Nauheim-Steinfurth
Tel.: 06032/82068

**Schaugarten Alte Rosen
in Bad Nauheim-Steinfurth**
Schaugarten des Rosenhof
Schultheis
61231 Bad Nauheim-Steinfurth
Tel.: 06032/81013
www.rosenhof-schultheis.de

Rosengarten Zweibrücken
Umfangreiche Anlage, getrennt
davon ein Wildrosengarten
66482 Zweibrücken

Blühendes Barock in Ludwigsburg
Edler Rosengarten inmitten barocker
Architektur
Mömpelgardstr. 28
71640 Ludwigsburg
Tel.: 07141/975650
www.ludwigsburg.de

Baden-Baden
Gönneranlage
Lichtenthaler Allee
76530 Baden-Baden
www.baden-baden.de/tourismus

Insel Mainau
Italienischer Rosengarten
78465 Insel Mainau
Tel.: 07531/3030
www.mainau.de

Rosengarten Freising-Weihenstephan
Gemischte Pflanzungen mit
Stauden
85355 Freising-Weihenstephan

Rosengarten Arnstein
Schwerpunkt Alte Rosen; kleine
aber feine Anlage im Stadtkern auf
Hangterrassen unterhalb der Kirche
97450 Arnstein
Tel.: 09363/5482 oder 5546
www.arnstein-online.de/
sehenswuerdigkeiten

Stichwortverzeichnis

Bildnachweis:

AKG: 11, 120, 13
Bieker: 7, 16u, 17, 180, 200, 210, 21u, 260, 28u, 34u, 400, 45, 48, 510, 60, 71ul
Borstell: 4u, 5, 8, 9, 18u, 270, 500, 52, 560, 56u, 57, 580, 63, 67, 68, 69, 70, 730, 73u, 74, 76u, 77
Fischer E.: 660, 71ur, 760
Jensen: 6, 20u, 22, 24u, 26u, 31u, 32, 33u, 360, 390, 54, 6
MaeDia: 300
Markley: 880, 89u, 90u
Pforr: 240, 290, 440, 48u, 55, 62, 87r, 890, 900
Redeleit: 78, 840, 84u, 85
Reinhard: 160, 19, 30u, 310, 340, 350, 35u, 36u, 37, 38u, 380, 39u, 40u, 41, 43, 44u, 46, 47u, 49, 50u, 53, 58u, 61, 64, 80, 81, 82u, 86l
Romeis: 1, 2, 40, 12u, 14, 15, 59, 72
Sammer: 29u, 75, 820, 83l, 83m, 86r, 87l
Schneider: 10, 23, 25, 330, 42, 51u, 65, 66u, 91
Seidl: 280, 470, 83r, 88u

Die Deutsche Bibliothek – CIP-Einheitsaufnahme

Ein Titeldatensatz für diese Publikation ist bei Der Deutschen Bibliothek erhältlich

Grafiken: Heidi Janiček

BLV Verlagsgesellschaft mbH
München Wien Zürich
80797 München

© 2002 BLV Verlagsgesellschaft mbH, München

Umschlaggestaltung: Studio Schübel, München

Umschlagfotos: Borstell (Vorderseite oben), Reinhard (Vorderseite unten und Rückseite)

Layoutkonzept Innenteil: Studio Schübel, München

Lektorat: Dr. Thomas Hagen
Herstellung: Hermann Maxant

Layout und DTP: Anton Walter und DTP-Design Walter, Gundelfingen
Reproduktionen: Repro Ludwig, A-Zell am See

Druck: Bosch-Druck, Landshut
Bindung: Bückers, Anzing

Gedruckt auf chlorfrei gebleichtem Papier

Printed in Germany · ISBN 3-405-16356-0

Blumenpracht für Ihren Garten

David Austin
Vom Zauber Englischer Rosen
Der liebevoll gestaltete, wunder-
schön illustrierte Geschenkband:
68 Englische Rosen-Sorten mit
Porträtfotos, die ihren besonderen
Charme widerspiegeln; Entwick-
lungsgeschichte, Charakter und
Pflege der Englischen Rosen.

Robert Markley
Die BLV Rosen-Enzyklopädie
Das einzigartige Standardwerk,
das in Inhalt und Ausstattung
neue Maßstäbe setzt: das kom-
plette Know-how rund um die
Rose mit einer Fülle von Beispie-
len für die Gartengestaltung.

Robert Markley
Rosen. Der Praxis-Ratgeber.
Die 150 besten Rosen in ausführlichen Porträts, Gartengestaltung mit Rosen, Kombinations-
möglichkeiten mit anderen Pflanzen – mit ausführlichen Praxis-
anleitungen zu Kauf, Pflanzung,
Pflege, Schnitt, Winterschutz,
Pflanzenschutz und vielem mehr.

blv garten plus
Thomas Hagen
Rosen
Faszination der Vielfalt: die 100
schönsten Sorten und Arten im
Porträt, Verwendungsmöglichkei-
ten, Kombinationen mit anderen
Pflanzen; Gestalten mit Rosen im
Garten, auf Terrasse und Balkon;
Rosen richtig pflegen, schneiden,
düngen, überwintern, Pflanzen-
schutz.

Rosa Wolf / Fotos: Ursel Borstell
**Gartenpflanzen
Praxis-Handbuch**
Ein Muss für jeden Gärtner – das
Handbuch mit Langzeitnutzen:
Über 450 Gartenpflanzen in aus-
führlichen Porträts, Kombina-
tions- und Gestaltungsbeispiele
mit Pflanzplänen, Pflegekalen-
der.

Ziergehölze schneiden
Die besten Schnittmaßnahmen
in über 300 Abbildungen: alle
Basistechniken für Zierbäume,
Ziersträucher, Rosen und Kletter-
pflanzen; mit Sonderformen –
z. B. Schnitt von Hochstämmchen, Hecken und Formgehölzen.